AF295371

Helena Öhrström

Maria Magdalena

Den spruckna spegeln

Förlag: BoD · Books on Demand, Östermalmstorg 1, 114 42
Stockholm, Sverige, bod@bod.se
Tryck: Libri Plureos GmbH, Friedensallee 273, 22763 Hamburg,
Tyskland

ISBN: 978-91-8080-821-7

Innehåll

Förord

Under en period av intensiv andlig närvaro kallas författarinnan av Maria Magdalena att föra denna bok till världen. Genom de kanaliserade budskapen, vävda samman med hennes egen inre resa, öppnas portar till urgammal visdom och levande verktyg för att återta den kraft som så länge hållits dold genom historien.

Maria Magdalena påminner oss om att vi är de heliga graalbärarna. Tiden är nu inne att rena gralen från dess slöjor och läka sprickorna i själens spegel, så att vi åter kan ta emot, bära och förkroppsliga den gudomliga kärlekskraften — och låta den strömma ut genom jordens energi nät för att väcka och hela oss själva & världen.

Jag vill påpeka att boken inte är helt grammatiskt riktig men att jag hoppas på överseende från dig som läser boken och att du trots detta kan få mycket nöje, glädje och att läsa boken Maria Magdalena som jag önskar ska ge dig kraft och styrka på din väg i livet.

I Meditationen ser jag en cirkel av rosor.

I cirkeln står Maria Magdalena och jag ser mig själv
tillsammans med henne i roscirkel.

Jag ställer frågan till henne om livet på jorden och den
andliga utvecklingen och hon svarar:

Det handlar om att förstå att man är älskad och omgiven
av himmelska krafter

Det handlar om att gå igenom prövningar som ger
livserfarenheter

Det handlar om Initieringar, vägen i livet och att utvecklas
i sitt hjärta.

Att kärleken är det viktigaste och att det är både kärlek
från det himmelska och jordiska planet.

Att ni befinner er på olika platser i livet och kan ge
varandra impulser och budskap för att hjälpa varandra att
ta emot mer budskap från andra sidan och att
kärleksbudskapet är det VIKTIGASTE

Det handlar om att ni kan sprida kärleken från det högre
planet till varandra och jorden för att skapa den nya
jorden i kärlek.

Att kärleken finns från andra människor, djur, natur och
från andra sidan till alla människor.

För att kunna skapa jord i kärlek och fred så är kärleksbudskapet det viktigaste. Att det ska genomsyra allt och sprida sig in i allt.

Att vi ska fokusera på helhet och enhetsmedvetande och den egna personliga resan.

Maria Magdalena visar olika portaler, att gå igenom olika portaler och olika prövningar eller tillstånd eller olika livsviktiga erfarenheter.

Hur vägen kan forma sig beroende på hur medvetna vi är.

Hur medvetna vi är, är beroende på hur vi kan utvecklas andligt och ta hand om vår andliga utveckling.

Att det också är ett eget val.

Maria Magdalena visar att hon tar oss i handen och att hon tar mig i handen så kan jag ta andra i händerna och låta hennes energi gå vidare.

Att det sprids ut till andra människor men också till jorden.

Maria Magdalena

Så förtalad av kyrkan och så älskad av Jesus.

Historien är någon helt annan i min värld än den som bibeln och kyrkan har velat att vi ska tro på.

Att Maria Magdalena var mycket mer framstående och att hon även kallats den största aposteln av dem alla är inte någon slump.

Hon är den heliga feminina urkraften personifierad.

Jag har en tro och övertygelse på att hon var medium, prästinna och att hon kanaliserade budskap som Jesus sedan hjälpte till att sprida.

Att det sedan blev en av anledningarna till att hon blir kallad hora och sköka.

Hon var helt enkelt så stark i sin feminina kraft att den sedan patriarkala makten måste trycka ner kvinnor.

Maria Magdalenas kraft och ljus finns inom oss och hon är kopplad med vår heliga feminina kraft.

Att bejaka detta inom oss är att ge både henne och oss själva upprättelse.

Maria Magdalena´s mystiska läror

Maria Magdalena är en av de mest gåtfulla och kraftfulla gestalterna inom den andliga traditionen.

Ofta porträtterad som en kvinna av stor visdom och djup andlig kraft, bär hon på en mystisk och ibland fördold kunskap som sträcker sig långt bortom den vanliga förståelsen av hennes liv och betydelse.

Maria Magdalena var en nära följeslagare till Jesus Kristus, och enligt flera skrifter var hon en av hans mest lojala lärjungar.

I den kristna traditionen framträder hon som en kvinna som vittnar om Jesus uppståndelse, men i de äldre och mer esoteriska traditionerna betraktas hon också som en ledare och vis kvinna med en särskild andlig kraft.

Hennes liv och läror har ofta varit föremål för tolkningar som sträcker sig långt bortom de bibliska berättelserna.

I många mystiska och esoteriska strömningar ses Maria Magdalena som en symbol för den gudomliga feminina energin, förmågan att länka samman det jordiska och det himmelska, och som en kanal för helande och visdom.

Maria Magdalenas läror handlar inte bara om religiös tro, utan också om inre andlig utveckling, personlig transformation och helande.

Några av de viktigaste aspekterna av hennes mystiska
läror är:

Den Gudomliga Feminina

En central del i Maria Magdalenas läror är förståelsen av
den gudomliga feminina energin.

Denna energi representerar den skapande, närande och
helande aspekten av universum.

Maria Magdalena anses vara en inkarnation av denna
kraft och visar vägen för de som söker balans mellan det
maskulina och feminina inom sig själva.

Genom att väcka och förstå den gudomliga feminina
energin kan vi återupptäcka vår inre visdom och helande
potential.

Kärlekens Transformativa Kraft

Maria Magdalena undervisade om kärlekens kraft att hela
och förvandla. Hennes läror betonar vikten av att öppna
sitt hjärta och släppa taget om gamla sår och rädslor.

Kärleken som Maria Magdalena talade om var inte en
romantisk eller ytlig känsla, utan en djup och andlig
kärlek som förenar alla aspekter av livet – en kärlek som

inte känner några gränser och som förenar själens sanna
natur med den gudomliga närvaron.

Självhelande och Transformation

Maria Magdalena förknippas också med helande och inre
transformation. Hennes läror betonar vikten av att arbeta
med våra egna blockeringar, trauman och smärtor för att
läka och utvecklas.

Genom andlig övning, meditation och förlåtelse kan vi
åstadkomma personlig förvandling och öka vår
medvetenhet om vårt sanna jag.

Hon lärde att den största källan till helande kommer från
den inre visdomen och medkänslan som vi har för oss
själva och andra.

Gnosis – Den Inre Kunskapen.

En annan viktig aspekt av Maria Magdalenas läror är
gnosis, den inre kunskapen eller upplysningen som kan
uppnås genom direkt erfarenhet snarare än genom yttre
läror eller dogmer.

Maria Magdalena anses ha varit en mästare i denna form
av kunskap och vägledde sina följare att finna sin egen

inre sanning genom kontemplation, meditation och andlig praktik.

Hon representerade den sanna visdomen som inte är begränsad till det materiella eller det synliga, utan som öppnar upp för djupa insikter om vårt inre jag och vår plats i universum.

Förhållandet till Ärkeänglar.
I de mystiska lärorna om Maria Magdalena anses hon ha haft en särskild förbindelse med ärkeänglarna, som ofta är beskickade som andliga vägledare och beskyddare.

Ärkeänglar som Mikael, Rafael och Gabriel tros ha spelat en viktig roll i hennes liv och arbete.

Denna koppling till de högre andliga krafterna hjälper hennes lärjungar att förstå och arbeta med universums energier och att få tillgång till beskydd och vägledning i sitt eget andliga liv.

Maria Magdalena som en Andlig Förebild.

Maria Magdalena representerar en vägledande ljusgestalt som visar oss hur vi kan gå en andlig väg med både mod och medkänsla.

Hennes läror lär oss att hitta och följa vår egen inre sanning, att stå i vårt eget ljus och att medvetet arbeta med de energier som finns inom oss och omkring oss för att uppnå inre frid och andlig upplysning.

Maria Magdalena är en förebild för dem som söker djupare andlig visdom, för dem som längtar efter ett andligt uppvaknande och för dem som vill utvecklas till att bli hela och fullständiga varelser.

Genom att följa hennes vägledning kan vi alla upptäcka den gudomliga närvaron inom oss och skapa ett liv som är fyllt av kärlek, ljus och visdom.

Hur det började.......

Det kändes som att hon alltid funnits där vid min sida.

Ibland mer dold och osynlig och ibland mer synlig och framträdande.

Jag visste inte från när eller hur det började men har fått en förståelse för att tiden är den rätta just nu att låta hennes energi och kärleksbudskap ta mer plats inuti och runt mig själv men också i de människor ute i min omvärld som även de vet i sitt inre att kärleksbudskapet nu ska spridas som en löpeld mellan människor och ut över jordens yta.

Genom historien har det feminina blivit förtryckt, förlöjligat, fördummat och att vi blivit torterade, slagna, ja till och med dödade för att vi föddes som kvinnor.

Att detta pågår fortfarande ute i vår gemensamma värld.

Det sägs att Maria Magdalena ska hjälpa oss att återta den rena andlighet som existerade under Atlantis gyllene år.

Hon håller energi av den gudomliga kärleken och enhetsmedvetande genom hjärtat för att sprida det till oss på jorden.

Hon är här för att påminna oss att stå upp i vår heliga feminina kraft, att låta hjärtat och kraften från den högre gudomliga sfären vara ledstjärnan som visar oss vägen in i den nya tiden.

Hon är en del av den energivåg som nu reser sig över jordens yta för att hjälpa oss till en ny jord i kärlek.

Maria Magdalena är en av de största healingmästarna som vill inspirera dig till att manifestera villkorslös kärlek och att transformera negativa blockeringar.

Maria Magdalena är förebilden för den andliga feminina kraften som nu ska hjälpa oss att balansera upp de dominerande maskulina förhållningssätten i världen och ersättas med enhets medvetande, medkänsla, omsorg, kärlek och förståelse för vår gemensamma existens på jorden.

Det är genom Maria Magdalena som vi kan förstå obalanser och vår egen kamp med den feminina makten. Maria Magdalena var inte prostituerad som kyrkan ville att vi skulle tro.
Hon var en viktig ledare och frontfigur i den så kallade Jesus rörelsen med Kärleksbudskapet som ett av de främsta budskapen.

Kyrkan däremot skrev av någon anledning om historien och stämplade henne som en ångerfull skökan som var prostituerad.

Detta var ett manipulativ politiskt drag för att förminska hennes position och förstörde hennes rykte som apostlarnas apostel och prästinna.

Hon som var Kristus hustru och den heliga graalen som bar hans barn och kungliga blodslinje.
Före det vi nu känner som kristendomen dyrkades det feminina öppet i varje hörn av världen.

Så vad hände egentligen?
Vad är det som vi inte vet eller fått veta från historien ?
Vågen tippade över till en patriarkal och manliga dominerad verksamhet för religion där kyrkan oftast byggdes på våra gamla kult och kraft platser.
Bokstavligen så satte alltså kyrkan och den patriarkala makten sig ovanpå vårt heligaste rum och på den feminina andliga kraften.
Det som man också kan notera är att religionen mycket sällan eller aldrig nämner gudinnan som en balans till gud och att kvinnor inte erbjuds någon ledarroll inom det.
Tiden har nu kommit för att rättvisan ska balansera vågen och den feminina andliga kraften och ledarskapet får sin rättmätiga plats tillbaka.

Maria Magdalenas Grotta i Frankrike

Tanken på att resa till Frankrike och besöka Maria Magdalenas grotta hade återkommit många gånger under årens lopp, men aldrig tagit form. Under en retreat på gården steg frågan oväntat fram igen, när en av deltagarna undrade om jag kunde arrangera en sådan resa.

Denna gång började det lilla frö som länge vilat i det tysta att vakna. Med mer näring och ljus tog det fäste och började växa sig starkare. Jag lovade att börja undersöka möjligheterna och återkomma — och i samma stund visste jag att något hade satts i rörelse.

Detta blev den utlösande gnistan. Nu fanns ingen återvändo. Bollen var satt i rullning och dess kraft gick inte längre att stoppa.

Resan till Frankrike och Maria Magdalenas grotta

Inom kort bokade min man och jag vår första resa till Frankrike och Maria Magdalenas grotta, för att reka och ta reda på möjligheterna om att ta med en grupp dit.

Resan var en upplevelse utöver det vanliga och var en känslomässig stark resa.

Vi bodde på ett B & B och träffade två fantastiska kvinnor som vi fick en mycket bra kontakt med.

Våra frukostar drog ut och vi satt och pratade i timmar om Maria Magdalena, hennes grotta och den andliga utvecklingen.

Det finns ingen tillfällighet om du frågar mig.

Allt är sammanvävt i en större väv av mysterium och möten som det finns en mening med.

Genom kontakten med de två kvinnorna fick vi veta att det fanns en mer gömd lärjungeplats lite upp mot bergen med koppling till Maria Magdalena.

Vi besökte även denna plats för att se om det var ett ställe att ta med gruppen på.

Platsen andades magi.

För mitt inre kunde jag se Maria Magdalena med en grupp av människor som hon undervisade.

Att få en känsla för att hon faktiskt varit där var inte svårt och lite längre upp fanns ett litet altare i den sakrala omgivningen som var fylld av timjan, växter, träd och ett ljust bergigt landskap.

Vi var tagna av platsens energi som tog oss tillbaka i tiden då Maria Magdalena kanske hade varit där.

Efter en stunds meditation och stillhet så viste vi helt säkert att detta var en plats att ta vår grupp till.

För mitt inre såg jag Maria Magdalena stå och vinka till mig och hon log mot mig.

Så hörde jag hennes röst inom mig som sa:

Håll dig tätt intill mig.

Dessa fem ord bar mig framåt och hjälpte mig att hålla mig på den svindlande resan som nu satte fart.

Tidigare liv som Katar

Under en tidigare period gjorde min man och jag resor till Grekland och kraftplatser med sammankoppling till Plejaderna, vi gjorde resor till de bosniska pyramiderna och till Glastonbury -Avalon.

Vi bodde på vår gård där vi drev Avalonskolan där jag hade olika utbildningar och behandlingar.

Efter drygt 15 år på gården kändes det som att vi var färdiga och vi sålde vår pärla för att flytta till något mindre.

Sagt och gjort så blev det så och jag bestämde mig för att ta en lite längre period av ledighet.

Perioden av ledighet blev dock inte som jag tänkt.

Att flytta från en stor gård till ett mindre hus är en stor omställning.

Det krävdes mycket kraft av min man och mig själv att göra oss av med den större delen av det vi samlat på oss under de år vi bott på gården.

Under processen började jag att få ont i magen.

Kanske inte så konstigt med den stress som blir vid flytt men hur jag än försökte hjälpa mig själv tillbaka i balans så misslyckades det.

Vi flyttade och jag kraschlandade i en fåtölj för att försöka att återhämta mig.

Det kändes som att jag gått i bitar och att mitt nervsystem plus allt annat i min kropp blivit i en stor röra.

Sakteligen började jag ta mig tillbaka och mina magsmärtor minskade men försvann inte helt.

En god vän till mig rekommenderade en Homeopat som gjorde Iris diagnostik och jag åkte till henne för att få hjälp.

Hon fann en obalans i min talkottskörtel och sa att jag var född med obalansen. Obalansen hade ställt till en massa oreda i min kropp som jag nu steg för steg skulle läka och balansera.

Det var bland annat obalans i mitt hormonsystem och jag hade haft av och till problem med sköldkörteln under flera decennier.

Jag hade dock inte medicinerat utan arbetat med att försöka läka de underliggande problemen med olika terapier och örtmedicin.

Nu fick jag veta att det var huvud dirigenten som var i obalans och som sedan orsakade andra obalanser b.la. problem med sköldkörteln, huvudvärk och ett utmattat nervsystem.

Jag läkte bit för bit och kom tillbaka först lite trevande för att börja känna mig bättre och bättre.

Jag gjorde inre arbete och healing för att läka.

Homeopaten fann oläkta sår i mitt förflutna som jag behövde arbeta med.

Det var känslan av svek som satt kvar i mitt system och jag behövde jobba med att förlåta.

Jag hade jobbat i terapi med att läka mig själv på olika sätt genom åren och det kom inte som en överraskning utan mer som att okej då kör vi en vända till.

I en healingsession fann mig själv som barn (igen) där jag kände mig sviken och bortvald.

Jag såg hur "dramat" utspelade sig från ovan och fick en förståelse för händelsen.

Jag kunde se att det gjort olika saker med mig och det var bland annat min självbild som fått sig en törn av att tro att jag var mindre värd.

I frågan på vad jag skulle förstå och lära mig så såg jag att jag var starkare än vad jag själv trodde att jag var.

Att känna mig sviken var för att lära mig att inte svika mig själv.

Healingen inom mig behövde gå djupare och resan till Frankrike i Maria Magdalenas helande kraft blev en stark och frigörande resa på olika plan och det var puzzelbitar och kraft som jag själv och så småningom också deltagare i gruppen kunde ta del av för att ta tillbaka kraft som vi blivit berövade genom historien.

Det var både kollektiva upplevelser och personliga upplevelser och mycket viktig information som kom upp till ytan.

Med hjälp av Maria Magdalena och hennes helande energi och kontakt med heliga platser där Maria Magdalena sägs ha bott och verkat på så fick vi uppleva helande och frigörande kraft.

Vi tog vi tillbaka en del av det som vi blev fråntagna och vi kunde avsluta och "bränna" upp och släppa taget om gamla rädslor och känslor som påverkat oss i nutid och från långt tillbaka i tiden.

För mig personligen så kom jag i kontakt med ett tidigare liv på 1100 talet då jag blev straffad, torterad och slutligen avrättad tillsammans med den grupp som jag då levde med.

Vi var katarer på 1100 talet och förde och bar Maria Magdalenas undervisning vidare (jag skriver vi eftersom vi var en stor grupp människor men jag vet inte vem alla var).

Det var dåtidens präster och kyrkans män som iscensatte att jaga oss och att ta oss till fånga, att tortera oss för att få ut viktig och helig andlig visdom/information ur oss.

Jag såg hur jag och min grupp blev jagade för att sedan bli tillfångatagna.

Våra barn togs ifrån oss och vi fick aldrig se dem igen.

Även korsriddare som skyddat oss blev jagade och fängslade.

Vi blev torterade och jag såg och upplevde hur jag blev satt i järn kring handleder och fotleder.

Kring mitt huvud satte man en järnmössa med skruvar och när jag söker på det på nätet så hittar jag att det är det ett känt tortyrredskap som heter huvudkrossaren.

Denna anordning pressade ihop huvudet långsamt tills man dog.

Jag upplevde i detta tidigare liv att de som gjorde inkvisitionen ville åt information från oss.

Att jag inte ville delge denna information till dem och att de torterade oss för att få så mycket information av oss som möjligt för att sedan kunna använda den i maktsyfte.

Slutligen så såg jag att de delade mitt huvud och jag hade då gått ur min kropp och såg detta från ovan.

De tog ut min tallkottskörtel för att de skulle äta upp den.

Jag så och upplevde också att de tog blod från oss och våra barn när vi var rädda och att de sedan drack blodet för att få en slags kick.

Jag såg och förstod att huvudvärken som jag haft under perioder var sammankopplad med detta tidigare liv.

Jag förstod obalansen i min Tallkottskörtel som ställt till obalanser och oreda i min kropp så gott som hela mitt liv.

Det var inte bara de fysiska obalanserna som jag fick en insikt kring utan också det faktum att jag haft en stark trigger med att känna mig utsatt i situationer där jag känt mig utnyttjad, jagad, kränkt, straffad och att någon annan skulle bestämma över mig.

Detta var extra starkt när jag upplevt att någon annan försökt att "ta ifrån mig" det som jag själv skapat i mitt företag och andliga utveckling.

Det som triggat mig allra mest var tanken på att mista mina barn och att något förfärligt skulle hända dem.

Nu kunde jag adressera hela paketet till detta tidigare liv och jag fick puzzelbitarna på plats så att jag kunde se en helare bild av mig själv och mitt liv.

Detta lede mig också till att förstå min motvilja kring det Patriarkala system som vi levt under i flera 1000 tals år och för den djupa obalans och förlust av frihet som jag upplevde i världen på ett större plan.

Jag kunde adressera de känslorna som jag levt med i hela mitt 60 åriga liv och börja släppa taget om dem. Med hjälp av healing från Maria Magdalena kunde jag byta ut dem till förnyad kraft, frihet och kärlek.

Vandringen till grottan

En förmiddag gick vi så upp till grottan.

Jag kände en stark kontakt med Maria Magdalena, det var som att hon gick bredvid mig hela tiden.

Det var som att hon vill förmedla budskap igenom mig och till slut stannade jag för att ta emot hennes budskap och skrev ner det.

Budskapet var mycket starkt och det påverkade mig på djupet.

Maria Magdalenas röst var stark och klar inom mig.

Texten och budskapet kom som ett rinnande vatten.

Budskap från Maria Magdalena i Frankrike vid hennes grotta

Du bär din egna graal inom dig.

Du är graalen fysiskt manifesterad på jorden.

Bär nu fram dig själv med stolthet

Våga vara den du är.

Låt dig själv få möjlighet att transformera dig själv och dina skuggor med hjälp av din inre graal.

Gör ärren synliga.

Ta hand om såren.

Ta hand om dig själv och allt det som du utkämpat på din resa genom så många inkarnationer.

Dina tidigare liv.

Där du blivit straffad och fängslad.

Där du blivit förlöjligad och anklagad.

Se det med distans.

För det kan ej skada dig längre men det finns med i era cellminnen som en känsla av förlust och en skam och hindrar er att vara dem ni är i ert sanna ljus och kraft.

Alla dessa minnen.

Alla dessa sår.

Ta hand om dem.

Jag räcker er min hand. Jag räcker er min heliga olja.

Ty du är kärlet som tar emot.

Du är graalen på jorden.

Denna graal som finns inom er alla.

Kanske ni trodde att ni skulle finna den i det yttre?

Att leta efter den i det yttre är att missleda er själva.

Det är att leda er att leta där ni aldrig kan finna den.

Vänd er inåt.

Vänd er till er själva, i er själ och i ert hjärta.

Ty där inne finns graalen.

Som är av skimrande guld och täckt av de ädlaste stenar.

Töm sedan ut smolken ur din bägare och graal, för att ta emot det himmelska ljusets strålar.

Dessa strålar som är fyllda av den villkorslösa kärlekens flödande kraft.

Hennes budskap blandades med mina egna tankar, känslor och upplevelser.

Jag fick mer och mer en förståelse för det tidigare liv som jag levt som Katar och levt efter hennes lära.

Jag fick förståelse för hur det på djupet påverkat mig när jag blivit straffad och torterad av inkvisitionen och att jag stått emot att säga de dolda sanningarna som vi bar med oss och hade som uppgift att skydda.

Allt detta som jag upplevde gjorde att jag ställde fler frågor inom mig och jag började att utforska mer och mer.

Några av frågorna var:

Vem var katarerna och vad handlade inkvisitionen om?

Hur kunde vi återta vår kraft som vi blivit berövade genom historien och vad var viktigt för oss att förstå med oss själva och vår andliga utveckling in i den nya tiden?

Katarerna

Vilka var katarerna?

Namnet "Kathar" kommer från det grekiska ordet
katharos, som betyder "ren".
Katarerna predikade fredlighet och avstod från våld,
vilket gjorde att de inte deltog i korståg eller militär
konflikt. De förespråkade också jämlikhet mellan könen,
och både män och kvinnor kunde bli det som man kallade
för parfaits.

Katarerna trodde på reinkarnation, vilket innebar att
själen återföds gång på gång i den materiella världen tills
den befrias från den onda materiens fängelse.

För katarerna var målet att befria själen från den
materiella världen och återvända till den andliga världen
av ljus.
Katarerna avvisade den katolska kyrkans sakrament och
hierarki.
De trodde att den katolska kyrkan hade korrumperats och
blivit ett verktyg för den onda guden. Maria Magdalena
har en intressant koppling till katarerna den medeltida
kristna rörelsen som fanns i södra Frankrike. Katarerna
såg Maria Magdalena som en viktig andlig figur och en
symbol för visdom och renhet.

Hon_var en viktig andlig ledare & bärare av andlig esoterisk visdom.

Enligt vissa teorier och legender ansåg Katarerna att Maria Magdalena hade "flytt" till södra Frankrike efter Jesus död och att hon tagit med sig helig kunskap som hon sedan delade med sina anhängare och följare där.

Denna koppling stärkte katarernas tro på en mer mystisk och andlig tolkning av kristendomen, vilket skiljde dem från den etablerade kyrkan.

Katarerna trodde på en dualistisk världsbild, där det fanns två motsatta krafter: en god och en ond.

Den goda kraften, representerad av den andliga världen, var skapad av den goda guden (även kallad ljusets gud).

Den materiella världen, inklusive den fysiska kroppen, ansågs vara skapad av den onda guden (ibland identifierad med den Gamla Testamentets Gud) och var därför ond.

Deras tro på en dualistisk värld, strävan efter andlig renhet och avvisandet av materiell och världslig auktoritet gjorde dem till måltavlor för förföljelse, men också till symboler för en alternativ andlig väg.

Deras grundvärderingar var grannsämja, människors lika
värde och välgörenhet, alltså det så viktiga kitt som håller
samman stora som små samhällen och skapar tillit.

Katarerna trodde på själens återfödelse och deras
förkunnare, prefekterna, eller "de fullkomliga" höll sig
från alla livets fysiska njutningar och levde i kyskhet, var
vegetarianer och fastade ofta.

Av den vanlige Kataren krävdes inte att han skulle leva
asketiskt och prefekterna levde själva nära folket och som
en del av samhället.

De sista Katarerna höll länge ut i den otillgängliga
fästningen Montsegur men efter en lång belägring var
deras öde beseglat och de 200 prefekterna avrättades 1244
i en masslakt då de vägrade att konvertera till
katolicismen.
Katarernas tro utmanade den katolska kyrkans auktoritet,
vilket ledde till intensiv förföljelse.

Det mest kända exemplet är Albigenser korståget (1209–
1229), ett militärt korståg som syftade till att utplåna
katarerna.

Detta följdes av inkvisitionen, som till slut ledde till
rörelsens undergång i början av 1300-talet.

Inkvisitionen

Inkvisitionen hade sina rötter i medeltiden och blev särskilt framträdande mellan 1200- och 1700-talet.

Inkvisitionen var en serie institutioner och processer inom den katolska kyrkan som syftade till att upptäcka, utreda och straffa, det vill säga avvikelser från den ortodoxa kristna tron.

Det fanns flera olika typer av inkvisitioner, men de mest kända är den spanska inkvisitionen och den romerska inkvisitionen.

Den spanska inkvisitionen inrättades år 1478 av kung Ferdinand II av Aragonien och drottning Isabella I av Kastilien.

Den romerska inkvisitionen, som inrättades av påven, fokuserade på att bekämpa protestantismen och bevara den katolska läran.

Inkvisitionen använde sig av olika metoder för att utreda misstänkta heretiker, inklusive förhör, tortyr och offentliga rättegångar.

De som befanns skyldiga kunde dömas till fängelse, böter, eller i vissa fall dödsstraff genom bränning på bål.

Inkvisitionen har ofta kritiserats för sina brutala metoder och sina inskränkningar av individens frihet och rättigheter.

Inkvisitionen som institution avskaffades gradvis under 1800-talet, men dess arv och påverkan på historien och på synen på religion och makt är fortfarande ett ämne för diskussion och forskning.

I historisk kontext, särskilt inom kristendomen, användes termen kättare för att beskriva någon vars åsikter eller läror strider mot de officiella doktrinerna av kyrkan.

Under medeltiden, spårade inkvisitionen upp och belade ofta sådana personer med världsliga straff.

Ordet kätteri kommer från Katarerna som var en trosinriktning inom kristendomen som romersk-katolska kyrkan såg som en villolära.

Personer som inte höll med om den katolska kyrkans lära eller kritiserade kyrkans ledare stämplades som kättare.

I den rätta trons namn förföljdes, arresterades eller dödades kättare godtyckligt av kyrkan och dess världsliga allierade.

Katarerna bekämpades med korståg, i Albigenserkriget, och inkvisition.

Den siste kättaren dömdes och avrättades så sent som
1828.

Ett av de mest kända fallen är det som rör Jeanne d'Arc,
även känd som Jungfrun av Orléans.

Hon var en ung bonde flicka som ledde den franska
armén till flera viktiga segrar under Hundraårskriget mot
England och dess allierade.

Jeanne d'Arc greps av burgundiska trupper,
överlämnades till engelsmännen och slutligen till den
franska inkvisitionen.

Hon ställdes inför rätta för anklagelser om kätteri och
hävdade att hon hade fått visioner från Gud.

Trots att hon initialt undertecknade en bekännelse, tog
hon senare tillbaka den och blev dömd till döden.

Patriarkatet och dess inflytande i vårt liv

För att få en bredare förståelse över hur vi alla påverkats genom historien behöver vi få en förståelse för det patriarkala styre som styrt i vår värld i tusentals år.

Genom att få en förståelse för vad det patriarkala styret fått för konsekvenser för oss själva som individer och som kollektiv så kan vi börja lösa upp de ramar som hållit oss fast i osanningar och som gett förödande konsekvenser för hela mänskligheten och jorden.

Patriarkat är grekiskans patriarkhēs, som betyder "fadersvälde"

Det är ett samhällssystem där män har den primära makten och de flesta ledande positioner inom politiska, ekonomiska, religiösa, sociala, och finansiella institutioner domineras av män.

Vi lever fortfarande i en patriarkal värld eftersom vårt samhälle har formats av europeisk kultur, som organiserades kring faderskapets centralitet.

Europeiskt medborgarskap grundades på ditt "efternamn", vilket i verkligheten var din fars namn.

Det var absolut nödvändigt för dig att veta vem din pappa var om du skulle kunna ha någon framgång i livet.

Eftersom så mycket berodde på din pappa, blev det nödvändigt för män att kontrollera kvinnor.

Kvinnor blev effektivt deras egendom.

Kontrollerandet av kvinnor var det bästa sättet för samhället att kunna bestämma allas faderskap.

Patriarkens huvudkarakteristika drag är inte bara manlig dominans eller sexism, men mer förödande, patriarkala samhällen blev nödvändigtvis samhällen av kontroll och separation.

Över generationer har denna kontroll och separation påverkat alla aspekter av samhället.

De grundläggande strukturerna som vi skapat under årtusenden är baserade på dominans och inlämning, och den världsutsikt vi har ärvt motiverar dessa saker som nödvändigt för att övervinna både vår grundläggande natur och naturen (ses som skild från oss).

Patriarkat behandlar naturen som en sak att utnyttja, använda, dämpa och senast konvertera till varor till salu; och ofta behandlar vi andra på samma sätt.

Med andra ord är patriarkatet det mänskliga samhällets överbyggnad. Vi har blivit så vana vid detta tillstånd att de flesta av oss inte ens ser det.

Båda könen behöver både var för sig men också tillsammans finna nya vägar där vi kan leva i respekt, medmänsklighet och fred med varandra och oss själva.

Att kämpa mot patriarken borde inte vara en feministisk rörelse. Det borde vara ett projekt för alla människor, där vi försöker bryta oss loss mot ett system av kontroll och dominans. Att krossa patriarken är att uppmana till frihet, lika värde,

En viktig faktor i patriarkatets utveckling var religionens roll.

Med spridningen av kristendomen i Europa började kyrkans och statens makt att centraliseras, och den kristna läran betonade ofta en hierarkisk och patriarkal struktur.

Män var de dominerande figurerna i kyrkan, och kvinnors roller inom kyrkliga sammanhang var mycket begränsade.

I den katolska kyrkan till exempel förbjöds kvinnor från att bli präster eller ha ledande religiösa positioner.

Även om det fanns kvinnliga helgon och andliga förebilder inom den kristna traditionen, var den övergripande religiösa och sociala ordningen fortfarande mycket patriarkal.

Det patriarkala samhället – där makt och inflytande historiskt har koncentrerats till män – har vuxit fram gradvis över tusentals år. Det är inte en fråga om ett startdatum, utan en långsam, komplex process som lämnat spår i våra kroppar, våra sinnen och vårt kollektiva medvetande.

Men hur har detta långa mönster påverkat oss? Och hur kan vi frigöra oss från de begränsningar som håller oss tillbaka, så att vi åter kan stå i vår fulla urkraft? Svaret börjar med kärlek – kärlek till oss själva och insikten om vårt eget värde. Vi är alla lika värda, och vi förtjänar det allra bästa.

Det handlar om att öppna oss för den universella kärlekskraften från den högre källan, om att låta enhetsmedvetandet flöda genom oss och integreras i våra liv, våra relationer och våra samhällen. Det handlar om att läka våra programmeringar – de som vi burit med oss genom tidigare liv, från våra förfäder och in i detta nu – och som formats av patriarkatets ohälsosamma mönster.

Vi kallar tillbaka balansen mellan det heliga feminina och det heliga maskulina inom oss. Vi väcker vår drakkraft, aktiverar vår kundalini, vår passion och vår sensualitet. Detta är vårt heliga ansvar – mot oss själva, varandra och vår jord.

I denna nya tid är det hjärtat som leder, den högre
kärlekskraften som visar vägen framåt. När vi vågar
öppna oss och stå i vår fulla kraft, blir vi både bärarna och
spridarna av den heliga energi som kan hela världen.

Budskap från Maria Magdalena

Ni är alla lika värda.

Ni ska nu ta bort de felaktiga programmeringar som pågått under mycket lång tid.

När ni ser, förstår och släpper taget om programmeringar som förminskat er och er kraft så kan ni återta er frihet att vara dem ni är i er fulla kraft på jorden.

Det är dags att genomskåda och att se hur ni blivit lurade att tro att ni är olika värda.

Att ni accepterat lögnen och lever i en lögn om att vara mindre värda och värdefulla.

NI ÄR ALLA LIKA VÄRDA OCH VÄRDEFULLA.

Genom att se hur kyrkans män förtalade mig, Maria Magdalena till att vara hora och sköka så kan ni förstå hur det påverkat er bild av den feminina kraften.

Den feminina kraften finns inom er alla.

Det är den feminina kraften som är er förmåga till intuition, empati, vårdande och skapande.

Den feminina kraften kompletterar den maskulina energin, och tillsammans skapar de en balans.

Ni är kallade att skapa en ny balans inom och utom er.

Detta för att den nya världen ska kunna födas och manifestera sig.

När ni lyssnar inåt på er feminina och ge utrymme till de känslor och händelser som varit bortträngt så kan ni läka och få klarhet om er sanna potential.

Ni kan nu utvecklas till ert mest strålande jag.

Ta emot min kärlekskraft och ta emot mina kärleksfrön

Ty du är min syster och bror som vandrat genom tiden vid min sida.

Läk sårer genom historien och se dig själv som den strålande själ du är.

Ta tillbaka de förlorade bitarna av din själ och stå i din heliga feminina kraft och ljus.

Ni är alla lika värda

Jag är Maria Magdalena som vandrar vid din sida som ditt guidande ljus.

Att ta tillbaka vår kraft

Maria Magdalenas budskap till oss om att läka oss själva och återta de förlorade pusselbitarna som gått förlorade genom historien kan tolkas på många sätt. För mig är det dock tydligt att vi behöver ställa oss frågan: Hur återtar vi den kraft som berövats oss under tusentals år? Och hur förhåller vi oss till de trauman som formats av historien?

Svar finns det många, men en grundläggande del är att arbeta med healing och att läka de delar inom oss som blivit skadade. Det är vårt ansvar gentemot oss själva att göra det som krävs för att kunna stänga dörren till den gamla tiden och öppna oss för den nya tidens anda.

Att förstå att vi inte längre är offer – även om vi en gång varit det – är en annan central insikt. Likaså är det viktigt att väcka vår passion och sensualitet, att våga ta steg tillbaka till oss själva och vår inre sanning, och att följa våra hjärtan och vår inre röst. Dessa är alla fundament för att återta vår kraft.

Ett avgörande steg på resan är att minnas vem vi är och var vi kommer ifrån. Jag har gjort många resor i den yttre världen, men för mig har den inre resan varit den största, mest omfattande och mest transformerande resa jag någonsin gjort. Jag skulle ljuga om jag sa att den varit enkel, men en sak är säker: jag skulle aldrig byta ut den.

Alla insikter och ahaupplevelser, alla tårar, alla känslor och alla gånger jag fallit i djupa gropar – när både kropp och själ protesterat – är gåvor jag bär som en skatt. Nu kan jag dela dessa gåvor med andra som vandrar samma väg.

En av de viktigaste lärdomarna är att inte ge upp – även när det känns omöjligt – och att våga tro på oss själva och på den gudomliga kraft som genomsyrar allt. Genom att öppna oss för denna kraft kan vi helas, växa och återta vår sanna kraft.

Enligt min erfarenhet är andlig medvetenhet och personlig utveckling helt avgörande för att vi ska kunna stå i vår fulla kraft och leva i den frihet och styrka som vi är födda till.

Andlig medvetenhet

För att komma vidare i vår evolution och utveckling är vår andliga medvetenhet avgörande för hur vi skapar vår framtid.

Andlig medvetenhet syftar på ett tillstånd av medvetenhet som rör sig bortom de fysiska och mentala aspekterna av existensen och fokuserar på djupare mer andliga dimensioner.

Det handlar om en förmåga att vara medveten om och i kontakt med den inre andliga världen, det gudomliga, eller de universella sanningarna som går bortom det materiella livet.

Koppling till något större än en själv
Andlig medvetenhet handlar ofta om att känna sig förbundet med något större än det individuella jaget, till exempel med universum, naturen, eller en högre makt (Gud, Gudinna, universell energi). Det kan innebära att känna en djup känsla av samhörighet och enhet med allt omkring sig, och att uppleva att det finns ett djupare syfte eller mening i livet.

Närvaro och medvetenhet i nuet
Ett centralt element inom andlig medvetenhet är förmågan att vara helt närvarande i nuet.

Detta innebär att man släpper på distraktioner, oro och egocentriska tankar, och istället öppnar sig för nuets energi och för den inre visdomen.

Mindfulness och meditation
är vanliga metoder för att utveckla denna typ av medvetenhet.

Inre frid och balans

En person med andlig medvetenhet tenderar att uppleva en inre frid och balans, även när de ställs inför livets utmaningar. Det innebär att vara i kontakt med sitt inre jag och förstå sina känslor och tankar på ett djupare plan. Den andliga medvetenheten hjälper till att hitta en känsla av harmoni, även i tider av stress eller svårigheter.

Ökad förståelse och empati

Andlig medvetenhet leder ofta till en ökad medkänsla och empati för andra. Eftersom man ser sig själv som en del av en större helhet, blir det lättare att känna förståelse för andra människors lidande och behov. Detta kan skapa en vilja att hjälpa andra och att leva på ett mer kärleksfullt och generöst sätt.

Transcendens och inre upplysning

Andlig medvetenhet kan leda till en känsla av transcendens, där individen känner att de har övervunnit begränsningarna av sin fysiska kropp och personliga identitet. Det handlar om att uppleva ett tillstånd av upplysning eller insikt, där man får en direkt förståelse av universums sanna natur, ofta beskrivet som ett "självklart" tillstånd av sanningen.

Förändring av perspektiv på livet

En person med andlig medvetenhet tenderar att ha ett förändrat perspektiv på livet, vilket innebär att de ser förbi de materiella och ytliga aspekterna av tillvaron. Istället för att vara fixerad vid framgång, status eller ägodelar, kan de känna en djupare mening i de enkla och andliga aspekterna av livet, som kärlek, samhörighet och medkänsla.

Hur kan vi utveckla andlig medvetenhet?

Andlig medvetenhet är en process som ofta utvecklas över tid och kan uppnås genom olika metoder som:

Meditation:

Meditation är ett kraftfullt verktyg för att uppnå andlig medvetenhet. Genom att fokusera sin uppmärksamhet och stilla sinnet kan individen komma i kontakt med sitt inre jag och uppleva ett djupare tillstånd av medvetenhet.

Mindfulness:

Att vara medveten om nuet och uppmärksamma varje tanke, känsla och handling utan att döma dem hjälper en person att utveckla en djupare förståelse för sig själv och världen omkring sig.

Bön eller andakt:

För vissa kan bön eller andra former av andakt vara ett sätt att öppna sig för det gudomliga och väcka sin andliga medvetenhet.

Studier av andliga texter:

Många finner att studier av andlig eller filosofiska texter hjälper till att utveckla andlig insikt och medvetenhet.

Natur och ensamhet

Att tillbringa tid i naturen eller i tystnad kan skapa en känsla av andlig närvaro och kontakt med något större än det vardagliga.

Andlig medvetenhet handlar om att vara medveten om och förstå de djupare dimensionerna av livet, bortom det materiella och den ytliga upplevelsen av världen. Det innebär en känsla av förbindelse med det universella, en inre frid och en medkänsla för andra. Att utveckla andlig medvetenhet innebär ofta en personlig resa av självinsikt, reflektion och förändring av hur man förhåller sig till sig själv och världen.

Att utveckla sin andlighet är en personlig och individuell resa, men det finns många vägar och metoder som kan hjälpa dig att växa och fördjupa din andliga förståelse och upplevelse. Andlighet handlar om att utforska och fördjupa din relation till det som är större än dig själv – vare sig det kallas Gud, Universum, det Gudomliga, eller ditt högre själv.

Det handlar om att finna mening, syfte och inre frid, samt att leva i enlighet med de värderingar och visioner som resonerar med din inre sanning.

Meditation är en av de mest effektiva metoderna för att utveckla sin andlighet. Genom att regelbundet meditera kan du:

Stilla ditt sinne och komma i kontakt med din inre vägledning.

Öppna ditt hjärta för högre medvetenhet och insikter.

Erfara andliga upplysningar eller fördjupad närvaro i nuet.

Andlighet handlar ofta om att leva i enlighet med kärlek, medkänsla och osjälviskhet.

Genom att tjäna andra och uttrycka medkänsla kan du utveckla din andlighet.

När du hjälper andra, gör något gott för världen, eller visar vänlighet mot andra, öppnar du ditt hjärta och skapar en djupare känsla av förbindelse med andra människor och med hela livet.

Att lära sig att visa medkänsla för dig själv och andra, att inte döma utan istället förstå och vara närvarande med andras smärta och glädje.

Att lära sig om kärlek och självkärlek är grundläggande och tillsammans med Maria Magdalena så är kärleken och kärlekskraften det viktigaste som vi kan ge oss själva, varandra och jorden.

När vi lever i enlighet med värderingar som medkänsla och kärlek, växer vi andligt och får en djupare förståelse för vårt sammanhang med andra och med världen.

Att ta tid för självreflektion är ett viktigt sätt att utveckla andlig medvetenhet.

Genom att stanna upp och reflektera över dina tankar, handlingar och känslor kan du börja förstå dina inre drivkrafter och börja förändra negativa mönster.

Ställ frågor som "Vad känns sant för mig?", "Vad lär jag mig från denna upplevelse?", och "Vilka mönster upprepas i mitt liv?".

Att vara en del av en andlig gemenskap eller ett sammanhang kan vara mycket stärkande för din andliga utveckling.

Oavsett om du deltar i en religiös församling, en meditationsgrupp, en andlig bokklubb eller en retreat, kan det vara kraftfullt att omge sig med människor som delar en gemensam andlig strävan.

Gemenskapen kan ge stöd, inspiration och ett sätt att växa tillsammans.

Naturens närvaro och skönhet kan vara en kraftfull källa
till andlig näring.

Många människor upplever att de får en djupare andlig
upplevelse när de är i naturen – vare sig det är genom att
vandra i skogen, bada i havet, eller sitta vid en sjö.

Naturen hjälper oss att påminnas om den inre friden och
balans som finns i världen, och den kan vara en direkt
kontaktpunkt för det gudomliga.

Bönen kan vara ett centralt verktyg för många i andlig
utveckling.

Bön är ett sätt att öppna sitt hjärta för det Gudomliga och
uttrycka sin vilja, sin tacksamhet eller sitt behov av
vägledning.

Bön kan vara formell eller spontan, och det kan vara ett
sätt att skapa en daglig ritual som stärker din andliga
praktik.

Du kan också sätta en andlig intention för din utveckling,
som till exempel att vara mer närvarande, mer kärleksfull,
eller mer tålmodig.

Att sätta sina egna intentioner är ett av de starkaste
verktygen som vi har enligt min mening.

Att utveckla en attityd av tacksamhet är ett kraftfullt sätt att öka din andliga medvetenhet.

När du aktivt söker efter och uppskattar de små sakerna i livet – som en vacker solnedgång, ett vänligt ord, eller ett gott hälsotillstånd – ökar du din medvetenhet om det gudomliga i allt.

Att också öva på acceptans innebär att släppa på behovet av att kontrollera eller ändra saker och istället vara i harmoni med hur livet är just nu.

Genom att släppa på motstånd och omfamna nuet, öppnar vi oss för större inre frid.

Att delta i andliga retreatcenter, workshops eller kurser kan vara ett sätt att fördjupa din andliga praktik och få mer fokus och vägledning.

Många retreats erbjuder en möjlighet att koppla bort från vardagens distraktioner och fokusera på personlig och andlig utveckling.

Vårt ursprung

Där satt de långt inne i grottan i en stor cirkel med en eld i mitten.

De var de uråldriga och visa kvinnorna.

Maria Magdalena ledde mig in i grottan och hon bad mig att sätta mig på ena änden av cirkeln.

Hon sa: det är våra anmödrar och de har väntat på din ankomst.

Jag satte mig i ringen och kände värmen från elden och kärleken som strömmade från kvinnorna i cirkeln.

Maria Magdalena fortsatte: Minns vem du är och var du kom ifrån.

Jag såg uppåt genom en öppning i grottan, där var himlen mörk med tindrande stjärnor.

Maria Magdalena fortsatte: minns din stjärnmoder och där du en gång föddes från.

Låt kraften från stjärnmodern, från de visa kvinnorna och från mig strömma igenom dig och ut till de kvinnor som är redo.

När ni minns vem ni är och var ni kommer ifrån kan inget stoppa kraften.

Att ni är de själar som föddes för att hjälpa till I den
övergången som ni nu befinner er i.

Att orden om kärlek och kärlekskraften åter ska sprida sig
från människa till människa och ut över jordens yta för en
ny jord I fred, kärlek och frihet.

Vägen.

För mig har vägen för att ta tillbaka min kraft varit lång och slingrig.

Ett av stegen på denna vägen har varit att utbilda mig själv till prästinna.

Detta har även gjort att jag kunnat hjälpa och utbilda andra kvinnor till prästinnor.

När jag ser tillbaka så ser jag att detta varit en mycket viktig del i processen och att det hjälp både andra och mig i att återta förlorade delar som gått förlorade genom tidigare liv och tidigare generationers trauman. Det har verkligen stärkt mig själv i att tro på mig själv och att våga stiga fram i min andliga feminina kraft.

Genom att stiga in i rollen och kraften som prästirna så återtar vi också kraften att vi har lika stor rättighet att vara en gestalt och förebild för det andliga som kan förmedla mellan det gudomliga och det jordiska och som kan utöva och göra ceremonier

Prästinnan

Vad är och vad gör en prästinna?

En prästinna är en religiös ledare eller andlig vägledare, ofta inom en tradition eller tro som har rituella och andliga funktioner.

Historiskt har prästinnor varit viktiga i många samhällen, men deras roller har varierat mycket beroende på kulturella och religiösa sammanhang.

Begreppet förekommer i flera kulturer och religioner, både i historiska och nutida sammanhang.

Prästinnor har ofta haft en viktig roll inom religiösa ritualer, gudstjänster och heliga ceremonier.

I många antika kulturer, som i det antika Grekland, Rom och Egypten, fanns det prästinnor som tjänade specifika gudar och gudinnor.

Till exempel var Vesta prästinnorna i det antika Rom viktiga för kulten kring guden Vesta, och de hade ansvar för att upprätthålla heliga eldar.

I de nordiska samhällena fanns det också kvinnliga religiösa ledare som ibland kallades prästinnor eller *völvor* (spåkvinnor).

Dessa kvinnor hade ofta en roll som förmedlare av andliga budskap och förutsägelser, samt deltog i ceremonier och ritualer.

I vissa nyare religiösa rörelser och i vissa samfund som Wicca, används termen prästinna för att beskriva kvinnor som leder rituella och andliga aktiviteter, ofta i form av ceremonier och gudomliga dyrkan.

Generellt sett betonas en prästinnas roll som en andlig ledare och en person som har särskilda kunskaper om ritualer och andliga praktiker.

En prästinna ger andlig vägledning och stöd till sina följare, vilket kan innefatta att hjälpa människor att förstå och praktisera sin tro, ge råd i personliga och andliga frågor samt ge välsignelser.

I många kulturer och traditioner är prästinnor också förknippade med helande och schamanistiska ritualer, där de använder sina andliga färdigheter för att hjälpa människor med fysiska eller psykiska besvär.

Prästinnor har ofta en roll som förmedlare av religiösa och kulturella traditioner, och de kan vara ansvariga för att bevara och förklara gamla skrifter, sånger eller ritualer som är viktiga för deras samhälle.

Historiskt sett har prästinnor funnits i många kulturer, som i de gamla egyptiska, grekiska och romerska religionerna, där de ofta var knutna till gudinnor eller moder-gudomligheter, till exempel Isis, Artemis eller Ceres. I moderna religiösa sammanhang kan termen användas för att beskriva kvinnliga präster inom nyhedendom, wicca, eller andra andliga rörelser.

Så en prästinnas roll varierar beroende på religion och tradition, men gemensamt är att hon fungerar som en andlig ledare och vägleder sina följare genom ritualer och ceremonier.

Ordet "prästinna" används främst inom sammanhang där kvinnor innehar en religiös eller ceremoniell roll.

En prästinna leder ofta religiösa ceremonier, såsom rituella helgdagar, dop, vigslar och andra andliga firanden.

Hon kan även utföra meditationer, böner och offerhandlingar.

Hon ger stöd och råd till medlemmar i sin gemenskap, ofta genom att lyssna på deras bekymmer, erbjuda rådgivning och vägledning för att främja deras andliga utveckling.

En prästinna kan också undervisa om tro, traditioner och religiösa texter för att bevara och sprida den andliga visdomen i samhället.

I vissa traditioner kan prästinnor utföra helande ritualer eller välsigna människor och platser för att ge skydd, hälsa eller välstånd.

Prästinnan är en uråldrig arketyp som ser bakom och som är en bärare av mysterium

En prästinna håller nyckeln till den oändliga källan av visdom och andlighet som bara kan nås genom att ta "time out" från världen och genom inre arbete som meditation, tystnad och inre introspektion.

Hon är kanal mellan den andliga sfären och den jordiska.

Kundalini kraften är integrerad med Prästinnan i hennes liv och hon arbete för det gudomliga och att hjälpa till med transformation, healing, ceremonier, att spå ,'att se i det fördolda och i alkemiska processer.

Hon värnar om jorden och allt levande.

En prästinna arbetar ofta som kanal för gudinnan och även andra andliga energier som hon kanaliserar till jorden i syfte för att hjälpa.

Hon strävar efter att vara är ett med alltet och tjänar för ett högre syfte i kärlek & frihet.

Gudinnans kraft återföds och återvänder nu till jorden för att påminna oss om den heliga feminina kraften som vi bär inom oss.

I takt med att gudinna kraften återvänder till oss och vår jord så väcks också uråldriga minnen om att vi en gång var gudinnans prästinnor.

Det är ofta med blandade känslor som detta uråldriga väcks inom oss.

Genom historien blev många avrättade, torterade, fängslade och straffade.

Nu är tiden inne att återta vår plats och kraft och att läka och att släppa taget om de tidigare inkarnationer där vi blev straffade och dödade.

Även om vi känner motstånd gentemot detta så vet våra hjärtan och själar svaren.

Obalans mellan det feminina och maskulina

För att återta vår kraft behöver vi få en balans mellan det feminina och maskulina energierna inom oss och under vår första resa med vår grupp till Frankrike så kom olika budskap och frågor upp. Genom Maria Magdalenas budskap har detta att återskapa balansen kommit gång på gång.

Det handlar om att få en större förståelse kring hur dessa obalanser påverkar oss både som enskilda individer och som kollektiv.

När vi förstår att det finns en obalans mellan de feminina och maskulina energierna inte bara utanför oss utan även inuti oss själva så kanske vi får olika frågor som uppkommer ur denna insikt.

Obalansen mellan det feminina och maskulina, eller mellan könsroller, har sina rötter i många komplexa sociala, kulturella, historiska och biologiska faktorer. Här är några av de viktigaste anledningarna till varför denna obalans finns:

Under stora delar av historien har de flesta samhällen varit patriarkala, vilket innebär att män har haft mer makt och inflytande än kvinnor. Detta har resulterat i att maskulina egenskaper ofta har setts som mer värdefulla eller önskvärda, medan feminina egenskaper har betraktats som underordnade.

Traditionella könsroller har format hur både män och kvinnor förväntas bete sig. Män har ofta förväntats vara starka, rationella och ledande, medan kvinnor har förväntats vara omvårdande, känslomässiga och underordnade. Dessa normer har blivit djupt inpräntade i samhället, och att bryta mot dem har ofta betraktats som otillåtet eller kontroversiellt.

I många samhällen har män haft större tillgång till resurser, utbildning och maktpositioner, vilket har lett till att de har haft mer inflytande över viktiga beslut, både på en personlig och samhällelig nivå. Detta har skapat en obalans där det maskulina har dominerat i både det privata och offentliga livet.

Den traditionella arbetsdelningen där män ofta har varit huvudförsörjare och kvinnor har haft ansvar för hemmet och familjen har förstärkt könsrollerna och därmed den obalans som existerar mellan det maskulina och feminina.

Det finns biologiska skillnader mellan män och kvinnor, men de är ofta överdrivna när det gäller att förklara obalansen mellan de två. Vissa menar att hormoner som testosteron och östrogen påverkar hur män och kvinnor tänker och beter sig. Men forskare påpekar att dessa biologiska skillnader inte ensamt förklarar varför män och kvinnor behandlas olika i samhället.

Från en ung ålder socialiseras individer in i sina könsroller genom föräldrar, skola, medier och andra sociala institutioner. Detta påverkar deras syn på vad som är "manligt" och "kvinnligt" och upprätthåller den traditionella uppdelningen mellan det maskulina och det feminina.

Medier och populärkultur spelar en stor roll i att förstärka traditionella könsroller. I filmer, TV-serier, reklam och sociala medier framställs ofta män och kvinnor på stereotypa sätt – män som starka, aktiva och självsäkra, och kvinnor som omvårdande, vackra och passiva. Dessa representationer skapar och upprätthåller en obalans genom att normalisera dessa föreställningar.

Under 1900-talet och framåt har kvinnorörelser och andra aktivistgrupper kämpat för jämställdhet och rättigheter, vilket har lett till förändringar i många delar av världen.

Även om det har skett stora framsteg för kvinnors rättigheter, är könsroller och den maskulina/feminina obalansen fortfarande närvarande i många delar av samhället.

I dagens samhälle finns en växande förståelse för att kön inte är binärt och att både maskulina och feminina egenskaper finns i alla individer, oavsett kön.

Det finns en ökad medvetenhet om att det inte finns ett rätt sätt att vara "man" eller "kvinna", vilket kan bidra till att minska den traditionella obalansen.

Obalansen mellan det feminina och maskulina resultatet av en långvarig historia av sociala och kulturella normer, ekonomiska strukturer, biologiska faktorer och mediepåverkan.

Även om det sker framsteg mot mer jämställdhet och lika värde finns det fortfarande utmaningar som bidrar till denna obalans.

Balans mellan feminint & maskulint

Att hitta balans mellan det feminina och maskulina inom sig själv är ett centralt tema i många andliga traditioner, och det handlar ofta om att integrera dessa två energier för att uppnå inre harmoni, självkännedom och helande.

Både det feminina och maskulina representerar olika aspekter av vårt väsen, och för att skapa balans behöver vi vara medvetna om och uppskatta båda dessa energier.

För att arbeta med att få balansen behöver vi förstå det feminina och maskulina

Det feminina: Traditionellt sett är det feminina kopplat till intuition, känslor, kreativitet, omsorg, närvaro, mottaglighet, och flöde. Det handlar om att vara i kontakt med sina känslor och sitt inre, och att vara öppen för att ta emot och ge.

Det maskulina: Det maskulina är ofta associerat med handling, struktur, logik, beslutsfattande, skydd och målinriktad energi. Det handlar om att vara handlingskraftig, fokuserad och att upprätthålla gränser och ordning.

Båda energierna finns i alla människor, oavsett kön, och att erkänna att båda är viktiga delar av vårt väsen är första steget mot balans.

Vi behöver utöva självreflektion och medvetenhet

För att skapa balans behöver du först bli medveten om vilken av de två energierna som dominerar i ditt liv och hur de påverkar dig. Reflektera över:

Känner du att du styrs mer av känslomässig instinkt (feminint) eller logik och struktur (maskulint)?

Är du mer handlingskraftig och driven, eller söker du mer inre frid och kreativt uttryck?

Att erkänna vilket område som kanske behöver mer uppmärksamhet eller utveckling är en viktig del av processen.

Vi behöver integrera de två energierna.

Kombinera intuition och logik:
Ett sätt att balansera de två energierna är att lära sig att lyssna på sin inre vägledning samtidigt som man använder rationellt tänkande för att fatta beslut. Till exempel kan du följa din inre känsla eller intuition om en situation, men använda logik och strategi för att ta praktiska steg framåt.

Ge och ta emot:

Att utveckla förmågan att både ge och ta emot kärlek, stöd
och energi är viktigt. Det feminina energispektrumet
handlar om att vara öppen för att ta emot, medan det
maskulina handlar om att ge. Att öva på att ge när det
behövs och att också vara öppen för att ta emot när andra
erbjuder sin hjälp är centralt.

Vi behöver göra meditation och inre arbete:

Meditation och andra andliga övningar, som t.ex.
visualisering, kan hjälpa till att hitta balans.
Föreställ dig att du inreder ditt liv med både maskulina
och feminina energier.

Det kan också vara användbart att fokusera på
chakrasystemet, där särskilt
Solarplexus (maskulint) och Hjärtchakrat (feminint) spelar
en central roll i att balansera dessa krafter.
Vi behöver ta ansvar för helande av inre känslomässiga
skador och gamla mönster.

Många av oss bär på gamla trauman eller negativa
mönster som kan skapa obalans mellan det feminina och
maskulina.
Detta kan handla om att bearbeta känslomässiga sår eller
att släppa gamla föreställningar om könsroller eller
förväntningar.

Att arbeta med att läka dessa sår genom terapi, självhjälpsböcker eller andliga verktyg som energihealing kan vara en viktig del av att återställa balansen.

Vi behöver Kultivera acceptans och självkärlek:
När vi utvecklar en balans mellan det feminina och maskulina, är det också viktigt att utveckla självkärlek och acceptera alla sidor av oss själva. I många andliga traditioner ses balans inte bara som ett yttre mål, utan som ett inre tillstånd av att vara hela och fullständiga.

När vi älskar och accepterar både vår maskulina och feminina sida kan vi uppnå en djupare nivå av inre fred.

Vi får hjälp av att arbeta med symbolism och arketypiska energier

Inom andlig litteratur och mytologi kan de maskulina och feminina energierna representeras av olika arketypiska figurer, som den kreativa gudinnan eller den krigande hjälten.

Genom att utforska dessa arketypiska energier kan vi bättre förstå våra egna inre drifter och behov.

Till exempel kan du arbeta med att framkalla den inre krigaren för att stärka din handlingskraft eller den inre gudinnan för att fördjupa din intuition och skaparkraft.

Att finna balans mellan det feminina och maskulina handlar om att lära sig att integrera både de mjuka, mottagliga energierna och de starka, handlingsorienterade energierna inom sig själv.

Detta kräver självmedvetenhet, healing, och ofta en förändring i hur vi förhåller oss till oss själva och världen omkring oss.

Genom att omfamna och respektera båda dessa energier kan vi skapa ett mer harmoniskt och autentiskt liv.

När Kvinnan och den feminina kraften uttrycker sig så är det hälsosamma och rätta att mannen och den maskulina energin ger gehör till det feminina.

Det feminina känner / vet intuitivt och tar emot impulser från omgivningen, från moder jord och från den andliga sfären.

Den maskulina ska ge gehör, hjälpa att föra ut impulserna och hjälpa den feminina energin och kvinnan att förankra och att förverkliga de budskap och impulser som det feminina tar emot.

I vår värld är det ofta tvärtom och tvärtemot.

Både kvinnan och mannen lyssnar på mannen och den maskulina energin och den feminina står i bakgrunden och skymundan.

Den maskulina energin dominerar och den feminina är
förminskad.

Vi behöver uppmärksamma och uppmuntra människor
att öppna upp mer för den mottagande, känslomässiga,
sidan som är sammankopplad med allas vår feminina
sida.

Vi behöver lära oss att ta emot:
Vi behöver lära oss att både ta emot och att ge i en balans.

Det vi ser i vår värld är att vi istället för att ta emot så är
det ofta en tävling om att ta största kakan, att ta och att
skövla från moder jord, från varandra.

Den maskulin energin som är yang i TCM har varit
dominerande under så lång tid och vi behöver finna nya
sätt och vägar att öppna för den feminina energin och ta
den feminina energin på största allvar och respekt.

Vi behöver lära oss själva att vår maskulina sida ska stå
upp för det feminina mjuka och kärleksfulla.

Vi behöver ta tillbaka makten till vår feminina sida.

Låta den feminina sidan gå känna sig trygg i tillit till att
den maskulina sidan och kraften kan lyssna, respektera

och ge med kraften för det högsta bästa i kärlek och utan att skada.

Att alla människor och jorden har så evinnerligt mycket att vinna på att vi nu söker och hittar en ny ordning och balans mellan det feminina och maskulina.

Vi behöver släppa taget om det som vi och generationer blivit programmerade att tro på när det gäller bilder av värdet på maskulin och feminin kraft.

Att vi lärt oss osanningar att det som är sammankopplat med den maskulina energin är mer värdefull än det som är sammankopplat med den feminina energin.

Detta arbete är avgörande för hur vi ska skapa vår framtid.

Det är helt avgörande hur och vad vi önskar lämna som arv till kommande generationer.

Att vara jämlik är inte ordet jag vill använda.

Jag vill använda orden att vara lika värda.

Att vara lika värdefulla.

Detta arbetet måste ske inom oss för att nu spridas som ringar på vattnet.

För mitt inre ser jag en helt ny slags kvinna och en helt ny slags man som reser sig upp.

De reser sig upp tillsammans med respekt, kärlek och tillit till varandra.

Att tillsammans kan de skapa sina innersta drömmar.

Att de tillsammans skapar och förenar sig för att skapa för helheten för allas bästa.

Att de skapar med kärlek som grund.

Detta par finns inom oss alla.

Men vi kan även se detta par utom oss runtomkring.

Vi kan se oss själva i spegeln som sprack för 1000 tals år sedan och se att bitarna kommer mer och mer på plats.

Att guldet nu sipprar in i spegelns sprickor.

Att vi mer och mer förstår och höjer vår medvetenhet.

Att vi tillsammans går mot den nya gyllene tidsåldern.

Feminina övningar

För att stärka det feminina kan du prova övningar som
fokuserar på att lyssna på din kropp, uttrycka känslor
genom konst eller musik, eller arbeta med att vara mer
närvarande och acceptera nuet. Att lyssna på och att agera
på din intuition är en viktig del av att stärka din feminina
sida

Maskulina övningar

För att stärka det maskulina kan du arbeta med
målmedvetenhet, disciplin och medveten handling. Att
sätta upp mål, ta ansvar och att fullfölja dina planer, kan
hjälpa till att utveckla den maskulina energin.

Balans

Genom att låta den logiska sidan få arbeta jämte ditt hjärta
och intuition hjälper du dig till balans mellan maskulint
och feminint. Fysiska övningar som att knäppa händerna,
gå balansgång, skriva med båda händerna kan hjälpa till
att balansera de båda sidorna.

Yin och Yang

Inom TCM (traditionell kinesisk medicin) finner vi begreppet Yin och Yang.

Yin och Yang symboliserar det feminina och maskulina i balans.

Yin representerar den feminina energin och Yang representerar den maskulina energin.

Yin och yang är centrala begrepp inom kinesisk filosofi och som symboliserar ytterligheter.

Yin och Yang är universums urkrafter.

Det är en kosmologisk term av urgammal kinesisk tradition.

Yin och Yang symboliserar även tid och rum.

För att förstå att allt hör ihop, kan vi genom dessa två ursprungliga energierna Yin och Yang som är helt beroende av varandra, få en bild av att de strävar efter att få en balans, att de kontrollerar varandra och att de ej kan existera utan varandra.

Yin och yang symboliserar också två drakar som biter varandra i svansen

En mörk och en ljus drake.

Yin den feminina aspekten = intuition, känsla att lyssna inåt, att se i det fördolda, att se det som döljer sig i mörkret, skuggsida.

Är sammankopplad med höger hjärnhalva

Yang den maskulina aspekten = logiskt rationellt.

Att kunna se samband är sammankopplad med vänster hjärnhalva.

När man som TCM terapeut behandlar och hjälper andra människor så tillhör Yin och Yang en av grunderna som man utgår från.

När Yin och Yang kommer i obalans så uppstår ohälsa och ibland även sjukdom.

Vi kan arbeta med Yin och Yang energin på olika sätt.

Man strävar alltid efter att få Yin och Yang I balans för att nå läkning och healing.

Till Yin hör förutom den feminina energin också mörkret och natten, den inåtgående kraften, att sova och att vila, intuition och våra känslor.

Det är den högra delen av hjärnan men också den vänstra sidan av hela kroppen.

Till Yang hör förutom den maskulina energin också dagen, ljuset, den utåtgående kraften och aktivitet.

Det är vår logiska sida och vår vänstra sida av hjärnan men också hela högra sidan av kroppen.

När våra två sidor samarbetar så ska den maskulina sidan kunna lyssna in på den feminina inkännande energin och sedan ta action på de impulserna som hon ger.

Exempel: du vaknar precis innan ditt spädbarn vill och behöver mat dvs det är ditt feminina inkännande och intuitiva sida som tar emot impulser från barnet och signalerar vidare till den maskulina sidan att gå upp för att ta barnet och ge det mat.

Ett annat exempel är att vi ofta behöver lära oss att lyssna mer på våra medfödda impulser och att lyssna på oss själva när vi är trötta och att vila oss (yin) och ibland dra ner på alla aktiviteter (yang)för att återskapa balansen.

Skadad maskulin kraft

För att få förståelse för hur vi kan hjälpa oss själva till mer balans är det viktig att få en förståelse för den skadade maskulina och feminina kraften.

Den skadade maskulina kraften kan uttrycka sig på olika sätt när den är obalanserad eller när den inte är i harmoni med de mer omtänksamma och heliga aspekterna av maskuliniteten.

Här är några exempel på skadad maskulin kraft:

När den maskulina energin är förvrängd kan den bli förknippad med aggression, fysiskt eller psykiskt våld och kontroll. Denna form av skadad maskulin kraft handlar ofta om att använda makt för att dominera andra, och det kan uppstå som ett resultat av rädsla, osäkerhet eller behovet av att bevisa sin överlägsenhet. Detta kan ses i allt från missbruk av makt i relationer till mobbning eller fysiskt våld.

En annan form av skadad maskulin kraft kan vara överdriven konkurrens och rivalitet. När den maskulina energin är osund kan det leda till att man ser världen som en plats för ständig kamp, där andra måste besegras för att man själv ska känna sig framgångsrik eller värdig. Detta kan leda till känslomässig avskildhet och oförmåga att samarbeta eller visa sårbarhet.

När den maskulina energin är skadad, kan den leda till att en person stänger av sina känslomässiga behov eller undertrycker sina känslor. Detta kan hända för att man inte vill visa svaghet eller sårbarhet, och därmed döljer man sina känslor eller undviker att uttrycka dem. Den här formen av maskulinitet kan ofta upplevas som kall, distanserad eller emotionellt otillgänglig. Det kan också leda till inre frustration och känslomässig ohälsa.

Skadad maskulin kraft kan visa sig genom ett behov av att kontrollera andra människor, situationer eller miljöer. Den här kontrollen kommer ofta från en plats av osäkerhet, och personen känner att han måste dominera för att känna sig trygg. Detta kan innebära att man manipulerar eller dikterar vad andra gör, utan att ta hänsyn till deras känslor eller behov. I extrema fall kan det också leda till narcissism.

Ett annat sätt på vilket skadad maskulin energi visar sig är genom en överdriven betoning på prestation, arbete och materiell framgång, ibland på bekostnad av hälsa, relationer och personligt välbefinnande. Denna form av skadad maskulinitet kan leda till utbrändhet, stress och en känsla av att aldrig vara "tillräcklig", oavsett hur mycket man presterar.

En skadad maskulin kraft kan innebära en oförmåga att visa sårbarhet eller be om hjälp.

Denna typ av maskulinitet är ofta kopplad till idén att "riktiga män" inte visar svaghet, vilket gör det svårt att vara öppen med sina känslor, sina rädslor eller sina behov.

Detta kan leda till ensamhet, depression eller missförstånd i relationer, då personen inte söker stöd när det behövs.

När den maskulina kraften är obalanserad, kan den också skapa en känsla av isolering och ensamhet.

Detta händer ofta när män känner att de inte kan vara autentiska eller sårbara med andra, eftersom de upplever att de måste upprätthålla en bild av att vara "starka" och "oförstörbara".

Denna ensamhet kan leda till att de undviker att utveckla djupa, genuina relationer och istället förlitar sig på ytliga eller konkurrensbaserade relationer.

Skadad maskulin energi kan också ge sig uttryck genom att förtrycka, ignorera eller nedvärdera det feminina.

Det kan vara en form av maskulinitet som ser den feminina energin som svag, och därmed nedvärderar eller förminskar kvinnor och det feminina inom sig själv.

Detta kan leda till sexism, misogyni och skapandet av en miljö där det feminina inte får samma värde eller erkännande som det maskulina.

En mer subtil form av skadad maskulin energi är när en person använder manipulation och "gaslighting" för att kontrollera och förvirra andra, vilket skapar en känsla av maktlöshet hos den andre. Det här kan ofta ses i dysfunktionella relationer där en part försöker få den andra att tvivla på sina egna känslor, minnen och upplevelser.

Helande av skadad maskulin kraft

För att hela den skadade maskulina energin krävs en process av självreflektion, medvetenhet och förändring. En sund maskulinitet handlar om att hitta balans och inre styrka, där man kan vara både kraftfull och ödmjuk, handlingskraftig och samtidigt medkännande.

Det handlar om att omfamna både styrka och sårbarhet, att kunna uttrycka sina känslor på ett hälsosamt sätt, och att vara en positiv kraft i världen utan att trycka ned andra.

Vad man kan göra är att reflektera över vilka delar som man känner igen i sig själv och ta hjälp att hela och läka det som är skadat.

Skadad feminin kraft

Kan visa sig när den feminina energin är obalanserad eller förvrängd.

I stället för att vara en källa till näring, intuition, empati och skapande, kan den skadade feminina energin leda till beteenden och attityder som skadar både individen och de relationer som hon /han är en del av.

Här är några exempel på hur skadad feminin kraft kan yttra sig:

En form av skadad feminin energi är ett överdrivet beroende av andra, särskilt av en partner eller omgivning, för att definiera sitt eget värde eller självkänsla.

Detta kan innebära att man ständigt söker bekräftelse och är rädd för att vara ensam eller ta egna beslut.

I extrema fall kan det leda till en känsla av hjälplöshet och oförmåga att stå på egna ben.

Skadad feminin energi kan också visa sig som en tendens att undvika konflikter eller att inte agera i viktiga situationer.

En person med denna typ av energi kanske inte uttrycker sina behov eller åsikter av rädsla för att vara för påträngande eller skapa obehag.

Detta kan leda till passivitet där individen inte tar ansvar för sitt eget liv och sina val, vilket leder till inre frustration och missnöje.

En annan aspekt av skadad feminin kraft är när någon tar på sig rollen som martyr, där man konstant sätter andras behov före sina egna till den grad att man förlorar sin egen identitet.

Detta kan innebära att man ständigt offrar sina egna drömmar och önskningar för att tillfredsställa andra, vilket kan leda till känslomässig utmattning och förlorad självkänsla.

Skadad feminin energi kan också innebära att man blir alltför känslomässigt beroende av andra för att upprätthålla sitt eget välbefinnande.

Detta kan leda till att man låter sig manipuleras eller kontrolleras av andra, särskilt i relationer där den andra parten utnyttjar detta beroende. Det kan också innebära att man förlorar sig själv i relationer och förlorar sin egen känsla av självständighet.

I vissa fall kan skadad feminin energi ge upphov till manipulation, där någon använder sina känslor, svagheter eller sårbarheter för att få kontroll eller för att väcka sympati från andra.

Denna typ av manipulation kan vara subtil och baseras på att spela på andras känslor för att få fördelar eller undvika ansvar.

Det kan också innebära att man ofta spelar offerrollen, och förväntar sig att andra ska ta ansvar för ens liv och känslomässiga välbefinnande.

När den feminina energin är skadad, kan det också leda till att man ständigt tvivlar på sitt eget värde och sin förmåga.

Detta kan ge upphov till självkritik och inre negativa röster som underminerar ens självförtroende.

En kvinna eller individ med skadad feminin energi kan känna att hon inte är tillräcklig eller att hon inte förtjänar kärlek, framgång eller respekt.

En skadad feminin energi kan också göra en person mer sårbar för att bli utnyttjad i relationer.

Detta kan handla om att tillåta andra att utnyttja ens godhet, medkänsla eller generositet utan att sätta sunda gränser.

Det kan leda till att man blir utnyttjad av manipulerande eller själviska individer.

En person med skadad feminin energi kan också ha en rädsla för att uttrycka sin egen inre styrka, kraft eller kreativitet. Denna form av feminin skada kan ha sitt ursprung i samhälleliga eller kulturella normer som nedvärderar eller tystar den feminina energins kraft. Det kan leda till att en individ förnekar sina egna talanger, begåvningar eller potential, och dämpar sin kreativa energi.

Helande av skadad feminin kraft

För att hela den skadade feminina energin handlar det om att återta och omfamna de heliga, skapande och närande aspekterna av den feminina energin. Det handlar om att hitta sin egen inre styrka, sätta hälsosamma gränser, och tillåta sig själv att vara både mjuk och kraftfull, sårbar och stark.

Här är förslag på några sätt att läka den skadade feminina energin:

Att lära sig att acceptera och älska sig själv, utan att behöva be om ursäkt för sina behov eller känslor.

Att våga säga nej och stå upp för sina egna behov och känslor, utan att känna sig skyldig för att göra det.

Att återknyta till sin inre skapande kraft, genom konst, skrivande, dans eller andra former av kreativt uttryck.

Att börja lyssna på och lita på sin inre röst och intuition, snarare än att alltid söka extern bekräftelse.

Att tillåta sig själv att vara sårbar, att uttrycka sina känslor och behov på ett autentiskt sätt, och att omfamna sin inre styrka.

Helande innebär att återta sin helhet och att förstå att den feminina energin är kraftfull, närande och värdig.

Vad man kan göra är att reflektera över vilka delar som man känner igen i sig själv och ta hjälp att hela och läka det som är skadat.

En alkemisk process

I andlig och psykologisk mening handlar den alkemiska processen om att finna en inre balans mellan det feminina och maskulina, vilket leder till ett helande och harmoniskt tillstånd.

När både det feminina och maskulina är i balans, leder det till en integrering av både de kreativa och strukturella aspekterna av livet, vilket skapar harmoni och fullständighet.

Alkemi, i dess djupare och mer symboliska form, handlar om att förena de inre motsatserna — det maskulina och det feminina — för att skapa en helhet, en andlig enhet.

Den sanna meningen om alkemin för det heliga feminina och maskulina är en process av inre transformation, där dessa två krafter inte bara kompletterar varandra utan också lyfter varandra till en högre nivå av medvetenhet och balans.

Det heliga Maskulina

Det maskulina i alkemin representerar ofta de aktiva, logiska, strukturella och skapande principerna. Det är den aspekt av medvetandet som söker ordning, kontroll och form.

I alkemin kan det maskulina associeras med solen, medvetenhetens klarhet, och yang-energi som initierar förändring och utveckling.

Denna princip är inte bara förknippad med yttre handlingar, utan också med att skapa ett inre fundament av förståelse och klarhet, som möjliggör medvetenhetens förmåga att förverkliga det andliga.

Det heliga Feminina

Det feminina, å andra sidan, representerar den passiva,
intuitiva, mottagande och närande kraften. Det är den
aspekt av medvetandet som söker harmoni, flöde och
balans. I alkemin är det feminina ofta kopplat till månen,
den inre världen och det omedvetna, där det finns en
förmåga att acceptera och omvandla de djupa
känslomässiga och spirituella energierna.

Det handlar om att vårda, integrera och skapa utrymme
för transformation på ett subtilt men kraftfullt sätt. Det är
också kopplat till det receptiva flödet av energi och
visdom som kan leda till den heliga föreningen.

Den alkemiska processen av att förena det maskulina och
feminina handlar om att nå en balans där båda krafterna
kan samarbeta i ett symbiotiskt förhållande.

Alkemi använder ofta begreppet lös upp och koagulera
för att beskriva denna process.

För att kunna skapa det heliga guld (den spirituella
upplysningen) måste individen först upplösa de
separerade delarna av sitt jag dvs. det maskulina och det
feminina och sedan återförenas dessa på ett högre plan.

Denna förening skapar den alkemiska "andliga bröllopet", där de två polerna inte bara existerar tillsammans, utan är medskapande i en ny helhet.

I många traditioner, från den hermetiska alkemin till myter och religiösa berättelser, speglas denna förening i idéer om det heliga äktenskapet, där Gud och Gudinna, maskulina och feminina principer, samverkar för att skapa och förnya livet.

På samma sätt är den alkemiska processen inte bara extern, utan en inre resa mot själens förening och fulländning.

Alkemin för det heliga feminina och maskulina handlar om att finna och vårda den inre balansen mellan dessa två krafter.

Genom att erkänna deras individuella värde och deras nödvändiga samverkan kan man uppnå en högre form av medvetande och andlig helhet.

Den sanna alkemin är därför inte bara en fysisk process, utan en symbol för inre förening, där både det maskulina och det feminina förenas i en helig enhet.

Fråga till Maria Magdalena

Hur kan vi förena det feminina och maskulina inom oss?

Maria Magdalena visar ett vidsträckt landskap där
människans frihet står i centrum. Hon talar om den fria
växtligheten på jorden – när människor inte lägger sig i
växtligheten, får den växa stark och livskraftig. På samma
sätt är det med oss människor: när vi får vara fria blir vi
starka och motståndskraftiga. När vi däremot tuktas,
kontrolleras eller begränsas av andra, blir det som ett gift
som försvagar vår energi och vår vitalitet.

Hon visar det feminina och det maskulina sida vid sida,
även inom varje människa. Det maskulina är en rak, stark
och stabil kraft, medan det feminina är rörligt, mjukt och
föränderligt. Dessa två krafter finns inom oss alla, och
målet är att de ska få lika stor plats och kunna förenas i
balans.

Kundalini-kraften – den sovande energin i baschakrat –
fungerar som en väg för denna förening. När energin
stiger och slingrar sig runt de båda pelarna av det
maskulina och feminina, smälter de samman och blir
alltmer integrerade. Längs vägen kan dock olika hinder
uppstå: rädslor, blockeringar och bristande tillit som
måste bearbetas för att energin ska kunna röra sig fritt

uppåt. Självkänsla, tro på sig själv och mod att vara sann gentemot sig själv är avgörande.

När energin når hjärtchakrat handlar det om att kunna uttrycka det vi känner, att vara sann både mot oss själva och mot andra. Det handlar om att både ge och ta emot kärlek – inte bara mellan människor, utan också till jorden, till djur, växter och allt levande omkring oss.

Maria Magdalena använder bilden av ett kors som symbol för denna förening: det jordiska möter det himmelska, hjärtats centrum blir som en blommande ros, och vi lär oss kärlekens olika steg genom livet.

När vi förankrar den högre kärleksenergin i jorden kan vi blomstra i vår kraft och låta energin spridas till allt omkring oss. Korset är en uråldrig symbol, långt äldre än den kristna traditionen, och representerar balans, helhet och livskraft.

Att förena det maskulina och feminina handlar om att växa, att övervinna blockeringar och släppa taget om det gamla som håller oss tillbaka. Genom detta kan vi leva ett fullvärdigt liv i hjärtat och kärlekskraften – med oss själva, med andra och med hela jorden.

Rosslyn Chapel

Under denna första gruppresan till Frankrike och Maria Magdalenas grotta blev det bestämt att gruppen skulle fortsätta att göra ytterligare en till resa tillsammans till Rosslyn Chapel i Skottland. Detta för att göra ett arbete med den feminina och maskulina kraften och en gemensam ceremoni för det alkemiska bröllopet inom oss själva.

Rosslyn Chapel är ett mytomspunnet kapell däri det sägs att skrifter från maria Magdalena och Kristus giftermål/ceremoni kan finnas gömda.

Tidigt på hösten bestämmer min man och jag oss för att åka dit och reka för att se om detta är möjligt att genomföra med en grupp.

Under resan bestämmer jag mig för att ställa frågor till Maria Magdalena för att försöka få svar på alla de frågor som kommit upp. Frågorna handlar bland annat om Rosslyn Chapel, det handlar om Maria Magdalena och Kristus om deras kärlek och om de gifte sig.

Här kommer budskap och svar från Maria Magdalena.

Maria Magdalena om kärleken med Kristus

Jag frågar om Maria Magdalenas och Kristi kärlek, deras eventuella äktenskap och de rullarna som sägs finnas i Rosslyn Chapel eller på platsen, möts av en stark känsla av kärlek. Det strömmar enormt mycket kärlek – inte bara den jordiska, utan en kärlek från ett högre plan.

Jag ser Maria Magdalena och Kristus stå sida vid sida, båda med en slags krona på huvudet – som om de krönts, som en drottning och en kung. Det kan vara en kröning, ett giftermål eller en ceremoni – något högtidligt och heligt. Runt dem finns andra människor, och jag ser också deras barn – minst två, kanske tre. Kärleken i rummet är stark, ren och himmelsk.

Blommor – särskilt rosor – omger ceremonin. En vis man, skrivkunnig, dokumenterar ceremonin noggrant, framför allt dess betydelse. Kristus och Maria Magdalena håller varandras händer, både höger och vänster, mitt emot varandra, och läser ur Höga visan – en text som handlar om kärlek. Det är som om de manifesterar och befäster sin förening, inte bara på ett jordiskt plan, utan på ett andligt, inför Gud och den högre kärlekens kraft.

Jag ser Kristus ge sig själv till Maria Magdalena fullt ut, som följeslagare, med löftet att aldrig vika från hennes sida. Maria Magdalena uttrycker samma kärlek, och tillsammans har de ett uppdrag: att föra ner den högre kärleken till jorden och till mänskligheten. Deras barn deltar i ceremonin och är djupt rörda, tillsammans överlämnar de sig till den övre kärlekskällan.

Detta äktenskap och föreningen av det maskulina och feminina skapar en energi som är starkare än de två krafterna var för sig. Den högre kärlekskraften finns inom varje människa, men kan också stimuleras genom mötet mellan man och kvinna.

I denna tid är vårt uppdrag att förena det maskulina och feminina inom oss, väcka kraften inom och föra ner den himmelska kärleken till jorden.

Denna energi sprids genom jordens energi nät och bär oss mot en ny tid. Det är kärlekens kraft som kommer att leda vägen framåt – en helt ny era där hjärtat och den högre kärlekskraften styr utvecklingen.

Giftermålet mellan Maria Magdalena och Kristus

Genom de bilder som kommer från andra sidan så är det tydligt att Maria Magdalena och Kristus var gifta med varandra. Vi kan använda deras giftermål som en metafor och symbolisk bild för det heliga feminina och maskulina i förening och att förena de två andliga krafterna inom oss.

Essensen av processen av att integrera det heliga feminina med det heliga maskulina är att läka splittringen mellan det feminina och maskulina inom oss.

Att integrera de två motsatta energierna inom oss är avgörande i vår andliga utvecklingsprocess eftersom det möjliggör genuin medvetenhet och att kunna uppnå suveränitet med oss själva.

Det hjälper oss att harmonisera och förena de båda hjärnhalvorna vilket i sin tur leder oss till att kunna göra oberoende bedömningar och att motstå grupptryck och grupptänkande.

Det hjälper oss att gå utanför vår bekvämlighetszon och att filtrera information genom vårt egna intellekt.

Det ger oss kraft och mod att sätta gränser och att skydda oss själva.

När vi når framgång till att aktivera och att förena vår feminina och maskulina sida så kan vi agera från en plats av helhet där vi tänker, känner och agerar utifrån helheten och det högsta bästa.

Detta leder oss till en frihet att vara autentiska med oss själva och att göra genuina val från hjärtat och själen och att frigöra oss från programmeringar och det som håller oss tillbaka att stå och vara i vår fulla andliga kraft

Bilden av den maskulina och feminina i balans visar att de står kvar bredvid varandra utan att vika undan från varandra.

Att de båda förenas i kärlek från hjärtat till varandra Och till sig själva.

Att de två låter sig guidas och ledas av kärleken från ett högre plan och att de gemensamt arbetar för att sprida kärlekskraften på jorden.

Att när de överlämnar sig till den högre kärlekskraften så låter de magin och mysteriet förverkligas om fullbordan som leder oss in i den nya tiden för en blomstrande jord i kärlek, överflöd, balans och en högre medvetenhet.

Maria Magdalena och Kristus är sammankopplad med vår Kristus medvetenhet.

Kristusmedvetenhet är att vara medveten om att allt är en enhet och påverkar varandra.

Det representerar en förening av motsatser och det heliga giftermålet mellan det feminina och maskulina, hjärtat och sinnet, mörker och ljus.

Det heliga äktenskapet är föreningen av polariteter inom oss och är en del av processen av kundalini uppvaknande.

Det leder oss gentemot föreningen med det gudomliga.

Genom att aktivera energierna med ceremoni för vårt inre alkemiska bröllop hjälper vi oss själva att ta tillbaka förlorade bitar av kraft som blivit fråntagna oss genom historien

Essensen av att aktivera energierna är att fortsätta eller starta för att integrera det heliga feminina med det heliga maskulina är att läka splittringen mellan det feminina och maskulina inom oss.

Den universella kärleken

För att återta vår andliga kraft och integrera vår feminina och maskulina sida med varandra är medvetenheten om den universella kärleken mycket viktig.

Den universella kärleken kan hjälpa oss med läkning och healing.

Den universella kärlekskraften betraktas ofta som en fundamentalt enande kraft, som knyter samman allt liv i ett nätverk av samhörighet.

Kärlek är inte bara en känsla utan en dynamisk energi som verkar för att hela splittringar, lösa konflikter och främja förståelse mellan individer och samhällen.

När vi kopplar oss till denna kraft känner vi oss mer sammanlänkade med andra och med hela universum.

Kärlek skapar en känsla av samhörighet, vilket gör det lättare att samarbeta och leva i harmoni med andra.

Den universella kärlekskraften kan hjälpa oss att se förbi våra yttre skillnader, såsom kön, etnicitet eller religion, och istället fokusera på vår gemensamma mänsklighet.

Kärleken, i sin mest universella form, är en helande kraft.

Den kan läka både fysiska och psykiska sår genom att hjälpa oss att frigöra oss från negativa känslor som hat, rädsla, ilska och sorg.

När vi öppnar oss för denna kärlek, upplever vi ett ökat flöde av positiv energi, vilket ofta leder till personlig transformation.

När vi tar emot och ger kärlek, ökar vår självkänsla och vårt välbefinnande. Förmågan att känna och uttrycka kärlek är direkt kopplad till vår emotionella hälsa och förmåga att hantera stress, trauman och utmaningar.

Den universella kärlekskraften är nära kopplad till förmågan att känna medkänsla och empati.

När vi tillåter oss att öppna våra hjärtan för denna kraft, blir vi mer medvetna om andras lidande och behov.

Detta ökar vår vilja att hjälpa, stödja och ge utan att förvänta oss något tillbaka.

Genom att erkänna och omfamna den universella kärleken, minskar vårt beroende av egocentrerade begär och behov.

Kärlek mot andra, och mot oss själva, gör oss mer generösa och medkännande.

Medkänsla och empati, som flödar ur kärlek, är avgörande för att skapa förståelse och samarbete mellan människor och samhällen.

I en värld där vi ofta är uppdelade på olika sätt, kan kärleken vara den gemensamma nämnaren som förenar oss.

När vi lever i samklang med den universella kärlekskraften, upplever vi en inre frid och balans. Kärlek skapar en känsla av trygghet och acceptans, både gentemot oss själva och världen omkring oss.

Kärlek ger oss modet att släppa kontrollen och tillåta livet att flöda naturligt.

Den universella kärleken handlar om att lita på att universum, livet och andra människor har vårt bästa intresse i åtanke.

Detta minskar stress och hjälper oss att finna harmoni.

Det finns forskning som visar att känslomässigt välbefinnande och positiva relationer kan ha en direkt påverkan på vår fysiska hälsa.

Kärlek och omsorg kan bidra till lägre blodtryck, bättre immunförsvar och en snabbare återhämtning vid sjukdom.

När vi tillåter denna kraft att genomsyra våra liv, lindras känslor av oro, osäkerhet och ångest.

Inom många andliga traditioner betraktas kärlek som den högsta formen av energi eller medvetande.

I denna syn är universell kärlek inte bara en känsla, utan också en gudomlig kraft eller en del av det gudomliga skapelsearbetet.

Genom att öppna oss för denna energi, kan vi närma oss vår sanna natur och förstå vårt syfte i livet.

Det finns en tro på att kärlek är en av de mest grundläggande universella krafter som binder samman allt i kosmos.

För många människor handlar det om att förstå och känna denna universella energi som inte bara existerar mellan människor utan också mellan alla levande varelser, naturen och hela universum.

Den universella kärlekskraften påminner oss om vårt ansvar för varandra och för världen. När vi ser världen genom kärlekens lins, strävar vi efter att skapa rättvisa, fred och harmoni på en global nivå.

Att leva i enlighet med kärleks principer ger oss ofta en djupare känsla av mening och syfte.

Kärlek ger oss en anledning att vakna varje dag med tacksamhet, för oss själva och andra, och för livet i allmänhet.

Genom att öppna oss för kärlek i alla livets aspekter kan vi hitta betydelse i även de svåraste upplevelserna.

Kärlek har förmågan att omvandla lidande till möjlighet för personlig och andlig utveckling.

Den universella kärlekskraften är viktig eftersom den är en grundläggande och helande energi som främjar harmoni, enhet, personlig utveckling, empati och medkänsla.

När vi öppnar oss för denna kraft, får vi tillgång till en djupare nivå av förståelse, frid och förbindelse med både oss själva och andra.

Den fungerar inte bara som en källa till inre välmående och helande, utan också som en katalysator för social och global förändring.

I en värld som ofta präglas av splittring och konflikt, kan den universella kärlekskraften vara det vi behöver för att skapa en mer rättvis, medkännande och balanserad värld.

Att ta del av den universella kärlekskraften handlar om att öppna sig för en energi som är både inom oss och runt oss, och att skapa ett medvetet förhållningssätt som gör att vi kan känna och uttrycka denna kraft i våra liv.

Genom att sitta i stillhet, släppa taget om tankar och oro och istället fokusera på andningen eller vårt hjärtcenter, kan vi bli mer mottagliga för de kärleksfulla vibrationerna som genomsyrar universum.

Den universella kärlekskraften är alltid närvarande, men ofta förlorar vi oss själva i våra tankar om det förflutna eller framtiden.

När vi är i nuet, i den närvarande stunden, kan vi känna denna kraft mer direkt.

För att ta del av den universella kärleken är det avgörande att vi först och främst kan älska oss själva.

Självmedkänsla innebär att vara vänlig och förstående mot oss själva, särskilt när vi gör misstag eller känner oss osäkra.

Acceptera dig själv som du är, med alla dina styrkor och svagheter.

När vi kan vara i kärlek med oss själva, skapar vi ett inre utrymme där den universella kärleken kan flöda in.

Att använda positiva affirmationer som "Jag är värd kärlek" eller "Jag är öppen för att ta emot kärlek" kan hjälpa till att skapa en mental och emotionell hållning av öppenhet och självrespekt.

Kärlek är inte bara något vi tar emot, utan också något vi ger vidare.

Att öva på att ge kärlek, både till oss själva och andra, är ett sätt att skapa en flödande cirkel av energi.

Att vara medvetet närvarande i dina relationer, lyssna utan att döma och ge din tid och energi till andra, hjälper till att stärka banden av kärlek.

Små handlingar av vänlighet och medkänsla kan hjälpa oss att kanalisera universell kärlek.

Att hjälpa någon i nöd, ge ett leende eller säga ett vänligt ord är sätt att öppna våra hjärtan och ge kärlek till världen.

Den universella kärleken finns i alla människor, eftersom vi alla är en del av ett större kosmiskt nätverk.

Genom att se det gudomliga i andra, oavsett om de är nära eller långt bort, kan vi börja uppleva och uttrycka den universella kärlekskraften.

Att leva i balans är ett sätt att låta den universella kärleken flöda fritt genom oss.

När vi har balans mellan kropp, sinne och själ, är vi mer mottagliga för den energi som omger oss.

Att ta hand om vår kropp genom rörelse, vila och bra kost är ett sätt att skapa den energi och harmoni som gör det lättare för kärleken att flöda.

Genom att bearbeta våra känslor och tankar, och genom att släppa taget om gamla sår, kan vi hålla våra inre energifält öppna för universell kärlek.

Förlåtelse är en av de mest kraftfulla vägarna för att ta emot och ge universell kärlek.

När vi bär på gamla sår eller negativa känslor mot oss själva eller andra, blockerar vi flödet av kärlek.

Att släppa taget om gamla oförrätter och tillåta oss själva att förlåta människor som har skadat oss, gör att vi frigör oss från negativ energi och öppnar våra hjärtan för mer kärlek.

Vi måste också kunna förlåta oss själva för våra egna misstag och brister. När vi gör det, skapar vi utrymme för självkärlek och universell kärlek att flöda.

Att praktisera tacksamhet är ett sätt att inrikta oss på det positiva i livet och öppna oss för att ta emot mer kärlek.

När vi fokuserar på det vi är tacksamma för, släpper vi taget om negativa känslor och öppnar oss för den universella kärlekens flöde.

Att vara en del av en gemenskap som odlar kärlek kan inspirera oss att ge och ta emot mer.

I gemenskapen stärker vi varandras band och bygger en värld som reflekterar den universella kärleken.

Att ta del av den universella kärlekskraften handlar om att medvetet öppna våra hjärtan, vår medkänsla och våra sinnen för att både ge och ta emot kärlek.

Det handlar om att leva i enlighet med kärlekens vibrationer, både i våra egna liv och i våra relationer med andra.

Genom att meditera, vara närvarande, praktisera självmedkänsla och förlåtelse, och ge akt på våra tankar och handlingar, kan vi skapa ett liv där den universella kärlekskraften flödar fritt, vilket leder till personlig växt, inre frid och harmoni med världen omkring oss.

Under meditation kan du föreställa dig att du öppnar ditt hjärta och låter kärlek flöda in från det högre universella hjärtat.

En vanlig övning är att visualisera en ljusstråle som kommer till ditt hjärta och som sprider sig genom hela kroppen, och sedan ut i världen.

Detta symboliserar att du både tar emot och ger kärlek.

Att praktisera mindfulness innebär att vara fullt närvarande i det ögonblicket.

När vi äter, går, pratar eller bara är, kan vi känna en djupare förbindelse till oss själva och andra om vi gör det med medvetenhet och öppenhet.

I dessa stunder blir vi mer mottagliga för den kärlek som finns i varje ögonblick.

För att verkligen ta del av universell kärlek, kan du också öva på att släppa alla negativa känslor och förväntningar.

Det handlar om att vara i ett tillstånd av icke-dömande och öppenhet.

I stillhet kan vi höra och känna den inre visdomen som kommer från vårt hjärta.

Sensualitet och passion

Sensualitet och passion är nära kopplad med Maria Magdalena och hennes mysterier och läror.

Att bejaka vår sensualitet och passion hjälper oss att gå i riktningen som vårt hjärta kallar oss att följa.

Att väcka upp vår sensualitet handlar om upplevelsen och njutningen av sinnesintryck och kroppsliga känslor.

Det är en djup känslomässig och fysisk upplevelse som engagerar våra fem sinnen: syn, hörsel, smak, lukt och känsel.

Sensualitet innebär att vara närvarande i ögonblicket och fullt ut uppleva och uppskatta de sinnliga intryck som omger oss, ofta på ett sätt som väcker lust eller njutning.

Sensualitet handlar om att vara medveten om och njuta av fysiska känslor, som en mjuk beröring, temperaturförändringar eller rörelser i kroppen.

Det kan vara en lätt beröring av huden eller en kram som skapar värme och intimitet.

Att se och uppskatta skönhet i omgivningen, i en annan människa, eller i konst och natur är en annan dimension av sensualitet.

Det kan vara att njuta av en vacker solnedgång, att
betrakta färger och former som tilltalar oss, eller att
uppleva attraktiva detaljer i vår omgivning.

Att smaka på mat, dryck eller andra sinnliga upplevelser
är en grundläggande del av sensualiteten.

Att verkligen vara närvarande i smaken av en måltid,
känna nyanser av sötma, sälta eller kryddighet, kan vara
en kraftfull upplevelse av njutning.

Doft är ett av de mest kraftfulla sinnena när det gäller
sensualitet. Att känna en angenäm doft, såsom blommor,
parfym eller mat, kan framkalla starka känslomässiga och
fysiska reaktioner.

Lukt är också starkt kopplat till minnen och
känslomässiga upplevelser.

Att lyssna på musik, röster eller naturliga ljud som
vindens sus eller havets bränning kan förhöja en sensuell
upplevelse. Musik och ljud har förmågan att väcka känslor
och skapa atmosfärer som intensifierar sinnliga
upplevelser.

Sensualitet kan vara en viktig komponent i intima
relationer, där det handlar om att skapa en känsla av
förbindelse och närvaro genom att uppskatta varandras
kroppar och sinnen. Det handlar inte nödvändigtvis om

sexuell lust, även om den också kan vara en del av sensualiteten. Snarare handlar det om en medveten upplevelse av kroppens och sinnens möjligheter för njutning, vilket kan skapa djupare förståelse och förbindelse mellan människor.

Sensualitet är också kopplat till en individs självkänsla och förmåga att känna sig bekväm i sin egen kropp och uppskatta den. När vi tillåter oss själva att njuta av våra sinnen, kan det bidra till en känsla av välbefinnande och ökad självkärlek.

Sammanfattningsvis är sensualitet en medveten och njutningsfull upplevelse av de fysiska och känslomässiga intrycken som livet erbjuder.

Det handlar om att vara närvarande, att känna och uppskatta varje ögonblick med sina sinnen.

För mig är det tydligt att sensualitet och passion hör ihop.

Passion är en drivkraft som uppstår från en starkt engagerad och djup känslomässig upplevelse.

Det handlar om att vara helt uppslukad av något, vare sig det är en person, ett mål, en kreativ strävan eller en aktivitet, och att ha en stark inre eld eller entusiasm som driver en framåt.

Passion kan vara både en källa till stor energi och
motivation, och ibland en källa till intensiva
känslomässiga upplevelser.

Passion innebär ofta att man känner en djup, nästan
oförnuftig, känsla för något eller någon. Det handlar om
att vara helt uppslukad av sina känslor, och att dessa
känslor kan vara både glädje, förväntan och till och med
lidelse eller längtan.

En person som är passionerad om något eller någon är
ofta mycket engagerad och hängiven till sitt intresse eller
mål. Detta engagemang kan visa sig i hårt arbete,
uthållighet och en vilja att offra för att nå sina drömmar.

Passion är ofta en drivkraft för kreativitet. När vi känner
passion för ett projekt, en idé eller en konstnärlig strävan,
kan det leda till inspiration och en känsla av att vara i ett
tillstånd av flöde där vi är helt uppslukade av vår
skapande process.

Passion är också starkt kopplat till romantiska eller
sexuella känslor. Det handlar om en intensiv attraktion
och en stark lust att vara nära en annan person, både
fysiskt och känslomässigt. I romantiska relationer kan
passion ge upphov till starka känslor av förälskelse, begär
och intimitet.

Passion är en kraftfull drivkraft bakom våra ambitioner
och mål.

När vi är passionerade för något, oavsett om det är vårt
yrke, våra studier eller ett personligt projekt, kan vi känna
oss motiverade att göra stora ansträngningar och
övervinna hinder för att nå framgång.

Passion kan vara en enorm källa till positiv energi och
motivation. Det kan få oss att känna oss levande,
engagerade och inspirerade att ta oss an utmaningar och
skapa något meningsfullt i våra liv.

Passion kan också ha en mörkare sida, då intensiteten i
känslorna kan leda till överdriven eller impulsiv handling,
frustration eller konflikter. När passionen inte balanseras
kan det skapa stress, ångest eller relationella problem.

När vi är passionerade för något, särskilt något vi
verkligen tror på, ger det en känsla av syfte och mening i
livet. Passion är kopplat till självförverkligande, eftersom
det driver oss att uttrycka vår autenticitet och uppnå våra
högsta potentialer. Det handlar om att hitta och följa det
som verkligen tänder vår inre eld.

Man kan ha passion för sitt yrke eller sitt arbete vilket kan
leda till framgång och tillfredsställelse.

I en romantisk relation kan passion skapa starka känslomässiga och fysiska band, där båda parter känner intensiv förälskelse och attraktion.

Passion kan också finnas för fritidsintressen eller hobbyer, där man är djupt engagerad i en aktivitet som ger en glädje, utmaning eller kreativ frihet.

Passion kan vara kopplat till ens större livsmål eller ideal, såsom att förbättra världen eller följa en viss livsfilosofi.

Passion är en stark, intensiv känsla eller drivkraft som skapar engagemang och djup tillfredsställelse i livet. Den kan manifestera sig som en kärlek eller längtan, som en kreativ och inspirerande kraft, eller som en drivande faktor bakom våra mål och ambitioner. Passion har både positiva och negativa sidor; när den är balanserad kan den vara en källa till stor energi och framgång, men när den är förtryckt kan den leda till konflikt eller obalans

Kundalini kraft

I budskapen från Maria Magdalena kommer information om kundalini kraften upp som en av de delarna som är viktig då vi balanserar de heliga feminina och maskulina energierna.

Kundalini kraften är ett symboliskt och andligt begrepp för en energiform som tros existera inom varje människa, och dess väckande ses som en väg till djupare medvetande och andlig utveckling.

Kundalini beskrivs som en potentiell, latent energi som tros vara "vilande" vid basen av ryggraden, i området för baschakrat (den första av de sju chakrana).

Enligt traditionell tro är denna kraft som en orm som ligger rullad, och genom meditation, yoga och andra andliga praktiker kan man väcka den och låta den stiga upp genom kroppens chakran, vilket leder till andlig upplysning och självinsikt.

När kundalini vaknar och stiger upp genom chakran, tros den ge upphov till en rad fysiska, mentala och känslomässiga förändringar.

För vissa människor kan upplevelsen vara intensiv och transformativ, ibland beskriven som en form av andlig upplysning eller en stark känsla av att vara förenad med universum eller en högre kraft.

Kundalini är ofta förknippad med begrepp som medvetandeexpansion, självförverkligande och inre transformation. På den mer praktiska sidan, kan väckandet av kundalini genom meditation eller yoga orsaka fysiska sensationer som värme, vibrationer eller känslor av energi som rör sig genom kroppen.

Det heliga feminina kan ses som den receptiva aspekten av kundalini, den som "tar emot" och underhåller energin när den stiger. Det feminina i kundalini är relaterat till det flödande och skapande elementet, och dess funktion är att ge näring och stödja den heliga energin när den väcks.

Det heliga maskulina representerar den aktiva, drivande kraften som styr kundalini kraften upp genom chakrasystemet. Det maskulina i kundalini manifesterar sig som den kraft som initierar och kanaliserar energin mot upplysning och självförverkligande. Det är det maskulina som ger form och struktur åt den flödande energin, vilket gör att kundalini kan stiga på ett ordnat sätt.

När både det feminina och maskulina harmoniseras genom kundalini uppvaknande, sker en enhet mellan dessa två krafter.

Detta leder till **shakti** och **shiva**-energin, där shakti (det feminina) och shiva (det maskulina) förenas i ett tillstånd av andlig balans och helhet. Denna enhet är en symbol för högsta medvetenhet, där individen upplever en förening med det gudomliga och universum.

Kundalini är en urkraft som finns vilande inom oss alla.

När kundalini energi väcks färdas den uppåt mot kronchakrat och utlöser en kedja av händelser som leder till ett ökat flöde av livskraft, eller prana, i kroppen.

Chakrana är som portar till högre dimensioner och när kundalini kraften kan röra sig fritt blir vi ett med alltet samtidigt som vi är jordade och förankrade.

Vissa säger att Kundalini kraften är en gudinnekraft och genom att rensa kroppens kanaler och chakra kan den väckas till liv.

För kvinnor brukar kundalini kraften väckas naturligt vid 40–50 års åldern.

Man ser ofta att man i denna åldern också blir mer andligt intresserad och har en större nyfikenhet att vilja utforska det andliga.

Att arbeta med blockeringar i chakran och våra meridianer är dock helt avgörande för huruvida kundalini kraften kan väckas och sedan resa sig genom ryggraden och respektive chakra.

Mina erfarenheter kring kundalini är att när vi gör arbete
med vår rot, vårt baschakra så kan kundalini energin
aktiveras.

När vi arbetar med vår bas och rotchakra aktiveras inte
bara kundalini kraften utan vi jordar oss indirekt också.

När vi jordar oss så skapar vi en direktkontakt med jorden
för att återställa och balansera vårt kroppsliga elektriska
tillstånd.

Jordning har mycket positiva effekter och kan hjälpa oss
vid kroniska sjukdomar, sömnsvårigheter, smärta, stress,
och hjälper oss att återhämta oss efter utmattning och
ansträngning.

Att gå barfota, att krama träd, bada i saltvatten, ja det
finns många olika sätt att jorda sig.

Vill man ha en mer permanent och djupgående jordning
så kan man arbeta på djupet av rötterna och sitt rotsystem.

Genom att arbeta med karma, cellminnen både från
tidigare liv och från tidigare generationers händelser och
trauman så att man kan lösa upp de blockeringar som
hållit kundalini kraften ned stängd vilket hjälper oss
indirekt att bli mer jordade.

Man kan även stimulera kundalini kraften genom tex.
rörelser, andningsövningar, meditation och yoga.

När vi är jordade samtidigt som vi har en kontakt uppåt känner vi oss mer hela som människor.

Vi fastnar inte utan kan röra oss i frihet mellan de jordiska göromålen och de andliga göromålen.

Vi kan manifestera våra drömmar och önskningar och det blir inte bara kvar som en fantasi eller ide.

Det är spännande och fascinerande när vi förstår att vi har så mycket kraft inom oss och att vi själva kan påverka att kraften kan utvecklas men också att vi har en bit kvar att färdas på innan vi kan använda det fullt ut.

Att fortsätta att göra arbete med oss själva och att inte glömma att stanna upp och klappa oss själva på axeln för detta inre arbete som är bland det viktigaste vi kan göra för oss själva, varandra och vår jord.

Att inte bara skrapa på ytan utan att ge oss själva möjligheten att gå på djupet och läka från roten så att vi själva kan slutligen utvecklas till de fantastiska själar och varelser av ljus och kärlek som vi är.

Att aktivera kundalini kraften

Att aktivera eller väcka kundalini kraften är en process som traditionellt involverar olika meditations- och andliga tekniker.

Det är en väg som kan kräva tålamod, disciplin och rätt vägledning, eftersom den potentiellt kraftfulla energin som frigörs kan orsaka både fysiska och mentala reaktioner.

Här är några av de vanligaste metoderna och tillvägagångssätten som tros hjälpa till att väcka kundalini.

Meditation

Meditation är den mest grundläggande och vanliga metoden för att aktivera kundalini. Genom meditation kan du stilla sinnet och fokusera på att väcka och kanalisera denna energi. Det finns olika tekniker för detta.

Kundalini meditation

Specifik meditation där man fokuserar på att öppna och balansera chakran (energi-centra i kroppen) och använda andningen för att väcka kundalini.

Mantrameditation

Att upprepa specifika mantran (heliga ljud eller ord) som hjälper till att fokusera sinnet och höja energinivåerna i kroppen.

Visualisering

Att föreställa sig att kundalini-energin, som en orm, rör sig upp genom ryggraden, genom varje chakra, tills den når det övre chakrat (kronchakrat).

Dans och rörelse kan hjälpa till att öppna upp och att väcka kundalini kraften

Chakrabalansering

Eftersom kundalini tros röra sig genom kroppens chakran på sin väg uppåt, är det viktigt att dessa chakran är öppna och balanserade. Genom att arbeta med chakrabalansering, till exempel genom meditation, visualisering eller användning av kristaller eller färger för att stimulera specifika chakran, kan du förbereda kroppen och sinnet för kundalini aktivering.

En ren och balanserad kropp tros vara viktig för att kunna hantera den intensiva energi som kan uppstå vid kundalini-uppvaknande.

En kost som stöder kroppens naturliga energi, tillsammans med tillräcklig vila, fysisk aktivitet och mindfulness, kan hjälpa till att underlätta denna process.

Sexuell energi och orgasm är ämnen som ofta kopplas till kundalini och den andliga utvecklingen, särskilt inom vissa yogatraditioner och esoteriska filosofier.

Många ser sexuell energi som en kraftfull form av livsenergi, och i samband med kundalini betraktas den som ett sätt att höja och transformera denna energi för andlig upplysning.

Inom tantra använder man sig av sexuell energi för att uppnå andlig upplysning, och den har ett nära samband med kundalini. Inom tantrisk praktik ses sex inte bara som en fysisk handling utan som en medveten och helig process som kan användas för att uppnå enhet med det gudomliga och aktivera kundalini-energins uppstigning.

I tantrisk praktik används ofta sambandet mellan orgasm och energi för att skapa en förening av kropp, själ och ande.

När man kommer till orgasm, säger vissa tantriska läror, frigörs en massiv mängd energi som kan användas för att höja medvetandet och stimulera kundalini.

Detta kan uppnås genom tekniker som innebär kontrollerad andning, fokus och medvetenhet under den sexuella akten.

Målet är inte nödvändigtvis att komma till orgasm snabbt, utan snarare att sakta ner och bevara den energi som frigörs under sex för att använda den för andlig tillväxt.

När man upplever orgasm, enligt vissa esoteriska och yogiska traditioner, frigörs en massiv mängd energi som kan jämföras med den energi som frigörs när kundalini aktiveras och stiger upp genom chakran. I den tantriska och yogiska synen ses orgasm som en typ av "mini-kundalini-uppvaknande" – en tillfällig men kraftfull upplevelse av energi som kan trigga inre transformation.

När den sexuella energin kanaliseras och kontrolleras medvetet, kan den hjälpa till att öppna upp för en djupare andlig upplevelse och vara en del av den pågående processen av självförverkligande.

En annan aspekt som ofta diskuteras inom både tantra och kundalini yoga är sublimering av sexuell energi.

Sublimering innebär att man omvandlar och omdirigerar den sexuella energin från en fysisk, kroppslig form till en andlig, mental eller kreativ form.

Genom meditation, yoga och andra andliga praktiker kan
man lära sig att omvandla och höja den sexuella energin
istället för att enbart uttrycka den genom fysisk sexuell
aktivitet.

I vissa yogatraditioner beskrivs detta som att "hålla
tillbaka" orgasm för att bevara och fokusera den kraftfulla
energin för andlig utveckling.

I mer avancerade former av kundalini yoga och tantra
talas det om att nå ett tillstånd av sexuell transcendens,
där man når en högre medvetandenivå genom en förening
av sexuell och andlig energi.

Här handlar det inte bara om fysisk tillfredsställelse, utan
om att erfara en förening av kropp, själ och universum.

När detta uppnås, kan det ses som en förlängd form av
orgasm, som är mer kopplad till en upplevelse av att
känna sig ett med hela skapelsen.

Chakra och den sexuella energin

De sju chakrana i kroppen, enligt den yogiska traditionen, är energicentra där olika aspekter av vår fysiska, känslomässiga och andliga energi flödar. Den sexuella energin anses vara starkt kopplad till sakralchakrat som ligger vid nedre delen av ryggraden och är förknippat med känslor, sexualitet, kreativitet och livskraft.

När kundalini vaknar och stiger upp genom kroppen, passerar den genom varje chakra, och varje chakra har olika funktioner och betydelser. Den sexuella energin som frigörs under orgasm eller sexuell aktivitet kan, om den är medvetet kanaliserad, bidra till att öppna upp dessa chakran och hjälpa till med att höja kundalini.

Vid uppvaknande av kundalini, när energin rör sig upp genom chakran, kan det leda till en känsla av eufori, extas eller en form av andlig orgasm som är långt mer intensiv än den fysiska sexuella upplevelsen.

Sexuell energi, som också är nära kopplad till kreativitet, kan enligt vissa traditioner användas för att skapa mer än bara fysisk njutning; den kan omvandlas till kreativ kraft och energi.

När denna energi inte bara används för att tillfredsställa sexuella behov utan också för att uttrycka konst, musik, eller annan kreativ verksamhet, kan det bidra till att aktivera kundalini och fördjupa medvetandet.

Vägledning från någon med erfarenhet

Eftersom kundalini-uppvaknande är en så kraftfull och potentiellt omvälvande process, rekommenderas det starkt att söka vägledning från som har erfarenhet av kundalini och dess energier.

Traditionellt sett genomförs kundalini yoga under ledning av en s.k. guru eller mästare som kan hjälpa till att vägleda studenten genom de olika faserna och hjälpa till att hantera eventuell obalans eller överväldigande upplevelser.

Det feminina underlivet som en portal till det himmelska

Vi har alla vår egna portal till det himmelska och dess energier.

Det är genom det heliga feminina som vi når portalen och kan öppna den för att komma ut och upp till det himmelska energierna.

Vi kan se symboler genom vår historia som avbildar portalen och det feminina underlivet.

Det är tex symboler som fisken (som ofta syns tillsammans med Kristus) men också fornlämningar och ristningar.

Det är genom portalen som det nya befruktas och föds.

Både rent fysisk men även astralt.

Portalen är ingången till det Himmelska.

Portalen är också en symbolisk bild på att bli befruktad, att föda och att låta ett nytt liv ta sin början.

Genom att ta emot de himmelska energierna genom portalen dvs genom att använda vår mottagande sida -den feminina så kan vi föra ner och integrera de himmelska energierna på jorden och sedan sprida det vidare ut.

Genom att använda det 3:je ögat, vårt hjärta och vår portal i meditation så når vi ut i nätet som ger stöd till att nå och hitta vägen till det himmelska energierna.

Att göra arbete med oss själva och med vår feminina sida är grunden till att vi nu ännu mer ska integrera det himmelska på jorden.

Vi kan förstärka detta arbetet genom att vistas på dessa kraftplatser och att göra meditationer och energiarbete här.

Vi kan skicka energier från kraftplatser ut i energinätet och på det sättet påverka positivt.

Att det är vi tillsammans som är dem som låter oss bli befruktade av det nya energierna och av det himmelska.

Det är vi som bär på fröna.

Det är vi som föder fram det nya.

Den feminina urkraften går på djupet ner i moder jord.

När vi förbinder oss med hennes kraft så väcker vi vår egna urkraft.

Vi ser hur vi varit åtskilda och avskurna från vår egna moder.

Våra rötter har blivit stympade genom historien.

Det ligger yttryck kvar i oss som: gräv inte i det förflutna/rota inte i det gamla/tänk inte för mycket eller du kan inte ändra det som hänt.

För att vara de kanaler av ljus som vi är ämnade att vara, så är det vårt ansvar att göra arbetet med oss själva.

Vi behöver rota i det förflutna, vi behöver gräva runt våra rötter, vi behöver få tid och utrymme att tänka, reflektera och att känna.

Vi får då lättare att sortera bort det som inte var vårt.

Vi får lättare att se och förstå hur allt hänger samman.

Vi kan se och förstå vem vi är, vi kan se igenom illusioner och att låta oss guidas från vår inre ljus och finna den nya vägen in i framtiden.

Genom att vi läker oss själva från det förflutnas sår och trauman så hjälper vi vårt rotsystem att få börja växa igen.

Vi kan endast sträcka oss så högt upp som vårt rotsystem är utvecklat och kan bära.

Vi kan låta vår ljusa kanal få lov att växa sig stark ner i jorden och ner i vårt rotsystem.

Vi kan låta ljuset strömma igenom oss och ner till jorden och dess energi nät.

Den himmelska moder vakar över oss som en ljus mor och
vi kan tryggt läka och hela oss för att ta emot den
himmelska villkorslösa kärlekens kraft i takt med att vi
släpper rädsla skräck och trauma som holt oss fångna i en
lägre frekvens på jorden.

Moder jord tar emot oss som vår jord mor på jorden och
omsluter oss i sin kärlekskraft och lägger oss varsamt i sitt
nya uppgraderade energi nät som en vagga.

Att vår portal nu återinstalleras, uppgraderas och
aktiveras för att vi ska stå helt ner på jorden, djupt ner
med våra rötter stadigt ner i myllan och moder jord för att
förkroppsliga det himmelska på jorden.

Att vi tillsammans är pusselbitarna för den nya framtiden
i frihet fred och kärlek.

Andlig feminin utveckling och helig sexualitet

Är utryck som ofta förknippas med att frigöra och integrera den feminina energin i både kropp, sinne och själ. Dessa koncept återfinns inom många olika andliga traditioner och filosofier, och de betonar ofta vikten av att återknyta till den inre, naturliga kraften och visdomen som finns inom varje kvinna. En central del av denna utveckling handlar om att omfamna den heliga sexualiteten där sex inte bara är en fysisk handling utan en andlig och helig förening av kropp och själ.

Den andliga feminina utvecklingen handlar om att komma i kontakt med den feminina energin, som ofta beskrivs som mottagande, närande, intuitiva och kreativa sida.

I många kulturer och andliga traditioner har den feminina energin undertryckts eller förlorat sin plats, men en återkoppling till den kan innebära en djupare förståelse av sig själv och världen omkring oss.

Många andliga traditioner betonar vikten av att lyssna till sin inre visdom och intuition, något som ofta ses som en typisk egenskap hos den feminina energin.

Genom att återknyta till detta kan kvinnor utveckla en starkare inre kompass som vägledning på den andliga resan.

Den feminina energin förknippas ofta med moder jorden, cykler av liv och död, och naturens flöde.

En del av den andliga feminina utvecklingen innebär att återknyta till och hedra dessa cykler, och att se sig själv som en del av det större kosmiska flödet.

Det handlar om att omfamna sin kropp som helig och i samklang med den naturliga världen.

En viktig del av den andliga feminina utvecklingen kan vara att hela gamla sår som orsakas av kulturell eller personlig förnekelse av den feminina kraften.

Detta kan innebära att släppa förtryckta känslor, att återta sitt eget värde och att lära sig att stå i sin egen styrka utan att behöva underkasta sig externa normer.

Helig sexualitet är en andlig syn på sex som går bortom den fysiska och emotionella dimensionen för att se sex som en förening av kropp, sinne och själ och en plats för helande, upplysning och andlig upplevelse.

I tantra ses sex inte bara som en fysisk akt utan som en helig förening mellan två energier.

När två människor förenas sexuellt, tros de förena sina manliga (yang) och kvinnliga (yin) energier och därigenom skapa en helig enhet.

Detta förhållningssätt till sexuell intimitet innebär att man strävar efter att bevara den andliga närvaron och medvetenheten under hela den sexuella akten, vilket kan leda till djupare upplevelser av förbindelse och upplysning.

En aspekt av helig sexualitet, särskilt för kvinnor, är att omfamna och uttrycka den feminina sexuella energin.

Detta innebär att acceptera och älska sin egen kropp, sina sexuella behov och sin lust som heliga och naturliga.

För många kvinnor innebär detta en frigörelse från sociala normer och skam kopplat till deras sexualitet, och en möjlighet att återta kontrollen över sin kropp och sin njutning.

Inom Tantra betonar man användningen av sexuell energi för andlig utveckling.

Det handlar inte bara om sex, utan om att använda alla aspekter av livet inklusive sex för att uppnå en högre medvetenhet och andlig upplysning. Inom tantrisk praktik är sexuell förening ett sätt att förhöja energin och skapa en djupare förbindelse med sig själv och sin partner.

Att återupptäcka det heliga i sex

Enligt tantrisk filosofi kan sex vara en helig handling, där varje beröring, kyss och rörelse blir en del av en större kosmisk förening.

Det handlar om att vara medveten och närvarande i varje ögonblick och att inte bara fokusera på att uppnå orgasm, utan på den djupare, andliga förbindelsen mellan två människor.

För kvinnor kan vägen till helig sexualitet också innebära att släppa gammal skam, osäkerhet eller trauma kring sex.

Många kvinnor har vuxit upp i kulturer där kvinnlig sexualitet antingen ignorerats eller skuldbelagts, och en del av den andliga feminina utvecklingen handlar om att frigöra sig från dessa negativa föreställningar.

En viktig del av den andliga feminina vägen handlar om att läka och frigöra sexualiteten från det stigma eller den skam som kan ha förknippats med den.

Detta kan innebära att återupptäcka sin lust, omfamna sin kropp och sina behov, och se sexualiteten som ett naturligt, heligt uttryck för kärlek och livskraft.

En annan aspekt är att lära känna sin egen kropp, sina sexuella behov och att vara bekväm med att uttrycka dessa behov på ett sätt som känns autentiskt.

Detta kan vara en del av att växa in i sin fulla andliga potential som kvinna, där sexualiteten inte är något att dölja eller förneka utan något att förstå, acceptera och fira.

Den sexuella energin är ofta kopplad till kreativitet och skapande.

I många andliga traditioner ses den sexuella energin som en direkt kanal för att skapa inte bara liv genom fortplantning, utan även konst, musik, skrivande eller andra kreativa uttryck.

Genom att förstå och frigöra den sexuella energin kan kvinnor också frigöra sin inre kreativitet och skapa ett mer autentiskt liv.

Andlig feminin utveckling och helig sexualitet är djupt sammanlänkade i den meningen att de handlar om att återta, frigöra och helga de aspekter av oss själva som har undertryckts eller förlorats i historien, särskilt den feminina energin och den sexuella kraften. Genom att återknyta till dessa krafter, både genom inre arbete och yttre uttryck, kan kvinnor uppleva en större grad av helhet, medvetenhet och andlig upplysning.

Helig sexualitet handlar om att omfamna sexualiteten som en naturlig och helig kraft, där sex inte bara är för nöje utan för att förena, hela och transformera oss till högre nivåer av medvetenhet.

Enhetsmedvetande

För att ta oss ett steg vidare så är förståelse för begreppet enhetsmedvetande mycket viktigt.

Separation och splittring har varit ett tema med många ansikten genom historien. I den nya tiden är enhetsmedvetande en av de grundstenar som vi behöver för att skapa den jord som vi vill i kärlek, gemenskap och allas lika värde.

Människor har alltid haft fysiska och sociala barriärer som kan ha skapat separation, men det är viktigt att skilja på olika typer av separation i historien.

Geografisk separation

Under förhistorisk tid, innan jordbruk och civilisationer uppstod, var människor fysiskt separerade av naturliga hinder som hav, berg och skogar. Människor i olika delar av världen utvecklades i sina egna kulturer och samhällen. Genom historien har geografiska barriärer som avstånd och hinder ofta varit orsaker till separation. Under antiken var vissa civilisationer mer isolerade på grund av hav eller oöverkomliga bergsområden.

Social separation

I många samhällen genom historien har sociala och ekonomiska skillnader lett till separation av människor.

I antikens Grekland och Rom var det ofta en skarp
skillnad mellan fria medborgare och slavar. Det medeltida
feodalsystemet ledde också till en form av social
separation där adeln var åtskild från bönder och arbetare.

Etnisk och rasbaserad separation

En annan viktig form av separation inträffade under
slaveriets tid och i samband med kolonialism. Under 1600-
och 1700-talen, när slaveri var utbrett i Amerika och andra
delar av världen, tvingades människor av olika etniciteter,
särskilt afrikaner, in i en form av fysisk och social
separation från de vita överhärskande grupperna.

Industriell revolution och urbanisering

När den industriella revolutionen förändrade samhället
på 1800-talet, började människor flytta från landsbygden
till städerna för att arbeta i fabriker. Det skapade nya
former av separation genom boendesegregation, där
rikare klasser bodde i centrala delar av städer medan
arbetarklassen levde i fattigare, trångbodda områden.

Moderna tider: I dagens samhälle finns fortsatt separation
på många nivåer, både socialt, ekonomiskt och politiskt.
Till exempel kan människor vara åtskilda i olika delar av
världen genom politik och gränser, eller genom sociala
nätverk som tenderar att förstärka där människor endast
omger sig med likasinnade.

Sammanfattningsvis har människor varit separerade från varandra på många sätt genom historien, antingen genom fysiska hinder, sociala system eller politiska beslut. Separationen har förändrats över tid beroende på olika faktorer som geografi, ekonomi och kultur.

Enhetsmedvetande beskriver en upplevelse eller ett tillstånd där individen känner sig förenad med allt omkring sig, där gränsen mellan "själv" och "andra" suddas ut eller försvinner. Det innebär att medvetandet inte upplever sig som en separat entitet utan som en del av ett större, sammanhängande helhet.

Inom spiritualitet, mystik och vissa filosofiska traditioner handlar enhetsmedvetande om att uppleva en djup samhörighet med universum, andra människor, naturen och hela existensen. Det är ett medvetandetillstånd där den individuella jag känslan upplöses och en känsla av enhet med allt levande och det "oändliga" upplevs. Detta beskrivs ofta som ett transcendenta eller upplyst tillstånd, exempelvis i österländska traditioner som buddism och vissa hinduistiska traditioner.

Där är målet ofta är att förstå och uppleva denna enhet med allt.

Inom modern psykologi och neurovetenskap refererar enhetsmedvetande ibland till ett tillstånd av hög koncentration eller medveten närvaro där medvetandet känns mer integrerat eller fokuserat. Här kan det också beskriva ett tillstånd där hjärnan uppnår en hög nivå av koherens eller samverkan mellan olika delar av hjärnan.

Forskning på områden som meditation och mindfulness har visat på sådana tillstånd där individer upplever ökad sammanhållning i sitt medvetande, vilket ibland tolkas som en form av enhet med sig själv eller omvärlden.

I teorier inom kvantfysik och kosmologi, som exempelvis teorin om det enhetliga fältet. Där talar man om att allt i universum är sammanlänkat genom en grundläggande kraft eller energi, vilket kan ses som ett spektrum av medvetande där allt är förbundet på en mycket djup nivå.

Enligt vissa tolkningar av fysik och medvetandefilosofi, kan medvetande och universums fundamentala struktur vara två sidor av samma mynt.

Inom New Age-rörelser, används enhetsmedvetande ofta för att beskriva en känsla av inre harmoni eller förbindelse med hela världen. Detta tillstånd ses ofta som något som kan uppnås genom meditation, yoga, eller andra självhjälpsmetoder som syftar till att "öppna" individens medvetande och leda till en upplevelse av enhet och balans.

Enhetsmedvetande innebär ett tillstånd där individen
upplever sig vara ett med universum eller allting omkring
sig, och inte längre ser sig själv som en isolerad och
separat enhet. Det är ett begrepp som rör sig mellan
filosofi, spiritualitet, psykologi och ibland fysik, och tolkas
på olika sätt beroende på kontexten. Det handlar om en
upplevelse av djup enhet, samhörighet och
sammanlänkning med världen och existensen i stort.

Holistisk helhetssyn i samband med Enhetsmedvetande.

Enhetsmedvetande är med en kort beskrivning en medvetenhet om att vi är tillsammans i ett gigantiskt oändligt energi-nät, som förbinder oss med varandra, jorden, alla dess väsen, växter, och natur.

Det är ett energi nät som sträcker sig ut i universums oändliga rymd och som hjälper oss att sammankoppla oss med stjärnor, planeter och den högre gudomliga källan av kärlek och ljus.

Enhetsmedvetande är att ha en holistisk helhetssyn och medvetenhet om alltings samband och att allt påverkar varandra både i det lilla och stora i en större helhet.

Förändring på jorden med hjälp av enhetsmedvetande

Genom att låta enhetsmedvetandet vara en av de grunder vi står på tillsammans med kärlek, frihet och allas lika värde så lyfter vi oss själva och vår jord till en helt ny nivå av energi och medvetenhet.

Genom enhetsmedvetande får alla en förståelse för hur allt påverkar varandra

Och att faktiskt allt vad vi själva gör, skapar, inte gör, tänker, känner osv påverkar ut i en större helhet runtomkring oss och vidare ut i energinätet.

I enhetsmedvetande behöver vi lära oss att se och förstå våra egna beteende och hur det påverkar oss själva och varandra.

Vi behöver läka de delar i oss som blivit separerade från fältet av enhets medvetande. Det är vår uppgift att göra healingarbete med oss själva

Och att foga samman oss själva och till varandra och jorden.

Vi har genom historien blivit separerade från delar av oss själva, från delar i våra familjer och vänner.

Vi har kollektivt blivit separerade från den högre källan men även från moder jord.

Separationen har skapat splittring inom och utom oss och har påverkat oss att tro att vi är ensamma.

Sanningen är att vi har en naturlig förmåga att vara tillsammans i enhet och enhetsmedvetande.

Separation och splittring har orsakat sorg och besvikelser i våra hjärtan och vi behöver läka de delar som blivit skadade av separationer och övertygelser som formats på vägen som i sin tur orsakat splittring.

Genom att återkoppla oss till den gudomliga källan av ljus och villkorslös kärlek så kan vi successivt släppa gamla

värderingar, övertygelser och "programmeringar "för att
ersätta med förbindelse till enhetsmedvetande på ett
känslomässigt och fysiskt plan.

Pandemin tydliggjorde den separation som funnits där
sedan tidigare.

Faktum är att separationen funnits där i tusentals år.

Sprickan som nu pekats ut för oss tydliggör att vi skulle
förstå och se tydligare för att kunna läka oss själva och
kollektivt.

Hur blev vi separerade?

När jag frågar hur det blev så här och hur vi blev separerade, får jag först bilden av Adam och Eva. Samtidigt blir jag visad att detta bara är en av många punkter i historien som har bidragit till separationen.

Adam och Eva är en symbolisk bild, tillsammans med den berättelse som är kopplad till dem.

Genom skam och skuld kring sexualitet och kroppen, och genom att döma Eva som symboliserar kvinnan och den feminina kraften, skapades en grund för misstro.

Mannen, representerad av Adam, kunde inte lita på Eva, och detta mönster har undermedvetet följt oss genom historien.

Vi har ofta valt separation och ensamhet som ett sätt att skydda oss från skuld, skam, sorg och smärta.

Eva blev sviken av Adam, och Adam svek sig själv och sin feminina sida.

Genom att, enligt bibeln, låta sig påverkas av ormen – som symboliserar sexualitet, transformation, död och återfödelse, helande och kundalinikraften – och ta av kunskapens frukt, skapades en djup spricka mellan det feminina och maskulina, både inom oss och utanför oss.

Eva har sedan dess burit skulden: hon har framställts som orsaken till synd, skam och misstag. Kvinnans roll har historiskt blivit nedvärderad och ignorerad, och hon har utsatts för övergrepp, hån, straff, tortyr och död.

Hon har stämplats som både madonna och hora, utpekats som häxa – listan är lång.

Denna separation och klyfta, som dessutom skyllts på kvinnan, finns inuti varje människa.

Det maskulina och dess energier har dominerat det feminina, och konsekvenserna av detta har varit och är fortfarande förödande.

Nu är tiden inne att avprogrammera gamla mönster, omprogrammera oss själva och återskapa balansen mellan det feminina och maskulina.

Endast genom att förena dessa energier inom oss kan vi hela gamla sår, återta vår fulla kraft och gå in i en ny, harmonisk tid.

Att komma i kontakt med enhetsmedvetande.

Att komma i kontakt med enhetsmedvetande innebär att släppa de illusioner av separation som vårt ego skapar och istället öppna oss för en större, mer integrerad förståelse av världen. Det handlar om att finna sätt att lösa upp gränserna mellan jaget och andra, och att uppleva en djup känsla av samhörighet, närvaro och medvetenhet i nuet. Genom meditation, andlig praktik, naturupplevelser och kärleksfullt arbete med andra kan vi öppna dörren till en upplevelse av enhet.

Meditation är ett av de mest effektiva sätten att komma i kontakt med enhetsmedvetande.

Genom att meditera kan du träna din uppmärksamhet att släppa på tankar och distraktioner, och i stället fokusera på nuet och din inre upplevelse.

Det finns många olika former av meditation som kan leda till upplevelser av enhet.

Det vi blivit utsatta för genom historien tar vår kraft som ett slukhål.

Genom att förstå och att återta de bitar av oss själva som vi blivit berövade, ger oss tillbaka vår ursprungskraft.

Kristusmedvetande

För att få ytterligare en bit på plats i vår andliga utveckling så är det bra att få en förståelse för vad det man kallar för kristusmedvetande är.

Kristusmedvetenhet är ett begrepp som ofta används i andliga och esoteriska sammanhang för att beskriva ett högre tillstånd av medvetande, en inre upplysning eller en fördjupad kontakt med den gudomliga kärleken och visdomen som traditionellt associeras med Jesus Kristus. Det handlar om att utveckla en medvetenhet som reflekterar de kvaliteter och egenskaper som ofta förknippas med Kristus, såsom medkänsla, osjälviskhet, förlåtelse, frid, och enhet med det gudomliga.

I många andliga traditioner och filosofier, särskilt inom new age och vissa esoteriska kristna strömningar, ses Kristusmedvetenhet inte bara som ett religiöst begrepp utan också som en universell princip – en medvetandeförändring som är tillgänglig för alla människor, oavsett religiös bakgrund. Det handlar om att integrera den gudomliga, kärleksfulla och heliga energin i sitt dagliga liv, och att sträva efter att uttrycka dessa egenskaper i alla sina handlingar och tankar.

Kristusmedvetenhet handlar ofta om att uppnå en medvetenhet om vår inneboende enhet med det gudomliga, och det gudomliga ljuset. I detta tillstånd av medvetande ses allt liv som heligt och sammanlänkat. Det innebär en förståelse för att vi inte är separerade från Gud eller universum, utan att vi alla är en del av ett större kosmiskt flöde av kärlek och energi. Jesus Kristus ses som en modell för denna enhet, där han, enligt kristen tro, visade hur man lever i full överensstämmelse med Guds vilja och i fullständig förbindelse med det gudomliga.

En av de mest framträdande aspekterna av Kristusmedvetenhet är kärlekens kraft. Jesus talade om att älska sin nästa som sig själv och att förlåta även de som gör oss illa. Kristusmedvetenhet innebär att leva denna kärlek i sitt dagliga liv – att vara medkännande, förlåtande och förstående gentemot andra. Det handlar inte om en romantisk eller känslomässig kärlek, utan om en osjälvisk kärlek, en vilja att tjäna andra och att se det gudomliga i varje människa.

Förlåtelse är en grundläggande aspekt av Kristusmedvetenhet. Jesus förlät sina fiender, och hans liv och undervisning betonar vikten av att släppa bitterhet, vrede och hämnd för att kunna leva ett fridfullt och helande liv. Kristusmedvetenhet innebär att frigöra sig från negativa känslor som håller oss fast i lidande – som ilska, bitterhet eller skuld – och att i stället omfamna förlåtelse, både för andra och för oss själva.

Kristusmedvetenhet är också ett tillstånd av andlig upplysning eller självförverkligande.

Det innebär att vara medveten om sin egen gudomliga natur och att förstå sitt syfte i livet. Genom att sträva efter att leva enligt Kristi exempel kan individen uppleva en inre transformation, en förvandling från egoism och självcentrering till ett liv i tjänst för andra och för det gudomliga.

Det innebär också att man integrerar sina mörka och ljusa sidor, att läka gamla sår och att skapa ett liv i harmoni med sin högre natur.

Kristusmedvetenhet kan ses som en process där man gradvis övervinner skuggor och mörker inom sig och växer mot en högre och mer medveten existens.

I många esoteriska läror ses Jesus Kristus inte bara som en historisk person, utan som en manifestation av den gudomliga medvetenheten som finns inom alla människor.

Kristusmedvetenhet innebär att bli medveten om och väcka det gudomliga inom sig själv.

Det är att förstå att varje individ har potentialen att uttrycka samma kärlek, medkänsla och visdom som Jesus.

Enligt denna syn på Kristusmedvetenhet är det inte Jesus som är unik i sin gudomlighet, utan vi alla bär på samma gudomliga essens.

Enligt vissa mystiska traditioner inom kristendom och esoteriska läror är Kristusmedvetenheten ett tillstånd som vi alla kan nå om vi strävar efter att förena oss med vårt högre själv och det gudomliga.

Det handlar inte bara om tro, utan om en personlig upplevelse av det gudomliga, en direkt förbindelse med den inre Kristus och det kosmiska ljuset.

För många människor är Jesus Kristus den främsta förebilden för Kristusmedvetenhet.

Hans liv och gärningar visar på hur man kan leva i enlighet med andlig visdom och kärlek. I detta sammanhang ses Jesus inte bara som en frälsare i traditionell religiös mening, utan också som en lärare och förebild som visar vägen till en högre medvetenhet. Genom hans exempel på osjälvisk kärlek, medkänsla, förlåtelse och hängivenhet till det gudomliga ses han som en modell för hur vi alla kan leva mer kärleksfullt och medvetet.

För vissa människor handlar Kristusmedvetenhet om en personlig och unik andlig väg.

Det handlar om att finna sin egna inre vägledning genom att öppna sig för det gudomliga inom och att uttrycka detta i sitt liv på ett autentiskt sätt. Det kan vara en väg som är individuell och som inte alltid följer traditionella religiösa normer, utan som istället är en inre sökning efter sanning, kärlek och visdom.

Kristusmedvetenhet är inte bara en religiös tro, utan en andlig praxis och en livsfilosofi som betonar att varje individ kan uppnå enhet med det gudomliga och leva ett liv som speglar de högsta idealen av kärlek och visdom.

Vi kan ha olika grader av det man kallar för Kristus medvetenhet och genom att ta visdom och lärdom från våra tidigare erfarenheter så växer och expanderar vårt medvetande.

Förebilder för högre medvetenhet är Maria Magdalena och Kristus.

De visar oss den feminina och maskulina energin av ett högre tillstånd av medvetenhet.

För att nå till och resonera /vibrera i Kristus medvetenhet så behöver vi nå till olika punkter med oss själva i vår andliga utveckling.

Vi behöver väcka vårt hjärta och vårt sinne, låta själskraften stiga och öppna oss för den villkorslösa kärleken från den högre källan.

När hjärtat och själen aktiveras växer självkärleken, och vi kan ta emot den kärlek som alltid har funnits inom och runt oss.

Vi behöver söka vårt DHARMA, vårt livs syfte. När vi finner vår väg kan vi stå i full kraft och ljus, leva med mening och blomma ut till den vi är menade att vara.

Balans mellan det feminina och maskulina inom oss är nyckeln – när dessa energier möts i harmoni uppstår frid, och vi kan nå vårt högre jag, föra ner himlen på jorden och låta vår energi sprida sig till världen omkring oss.

Genom att omvandla våra tidigare erfarenheter till visdom, släpper vi gamla smärtor och lägre energier.

Ljuset från högre plan fyller oss, och vi ser med ett bredare perspektiv. Med högre medvetenhet förstår vi vad som tar vår kraft, både personligt och kollektivt, och vi kan frigöra oss från rädsla, separation och illusioner.

Vi hedrar vår fria vilja, stiger uppåt i enhetsmedvetande och blir fria.

Att utveckla vår förmåga till förlåtelse öppnar hjärtat ännu mer. När vi förlåter oss själva och andra kan vi ta emot den högre kärleken fullt ut, och vi kan skapa liv och värld i enhet med vår sanna essens.

Vi är alla sammanlänkade – med varandra, med Moder Jord och med universum – och varje handling av kärlek påverkar helheten.

Kristusmedvetenhet är uppvaknandet av hjärtat, medkänslan och helheten. Det är föreningen av motsatser – det feminina och maskulina, ljus och mörker, hjärta och sinne.

Det heliga giftermålet inom oss är en del av kundalini uppvaknandet, en inre förening som leder oss mot det gudomliga och öppnar portarna till vår fulla kraft.

När vi balanserar och förenar dessa energier kan vi tänka, känna och agera från helhetens plats.

Vi kan göra val som kommer från hjärtat och själen, leva i vårt fulla spektrum och låta vår kärlek, vårt ljus och vår kraft flöda genom oss – och genom oss till världen.

Det är i denna helhet, denna enhet och denna medvetna förening som vi finner sann frihet, autentisk kraft och möjligheten att skapa en ny era på jorden – en tid styrd av kärlek, ljus och enhet.

Projektion

När vi utvecklas andligt så är det viktigt att känna till begreppet Projektion.

En projektion är ett psykologiskt begrepp som beskriver hur en person tillskriver sina egna tankar, känslor, önskningar eller egenskaper på andra människor, ofta omedvetet.

Det innebär att man "projicerar" sina inre upplevelser på omvärlden istället för att erkänna dem inom sig själv.

Projektion kan alltså innebära att man ser i andra de egenskaper eller känslor som man inte vill erkänna hos sig själv, eller som man inte kan hantera.

Begreppet kommer ursprungligen från psykoanalytisk teori, särskilt från Sigmund Freuds arbete, där han menade att projektion är ett sätt för individen att hantera inre konflikter och ångest. Genom att överföra sina egna oönskade eller obehagliga känslor på andra, kan personen undvika att konfrontera dem inom sig själv.

En person som känner en stark inre ilska men inte vill eller kan erkänna den för sig själv, kan börja tro att andra är arga på henne eller honom, även om det inte finns någon tydlig anledning till det.

En person som känner sig osäker på sina egna förmågor kan börja tro att andra människor dömer eller ifrågasätter deras kompetens, även om detta inte är fallet.

Om någon har skuld eller skam för något de har gjort kan de projicera dessa känslor på andra genom att anklaga dem för att vara "skyldiga" eller ha gjort något fel.

Utanför psykologin används begreppet "projektion" ibland också för att beskriva det sätt på vilket en person eller en grupp kan lägga över sina egna intressen, idéer eller värderingar på andra. Till exempel kan en politiker projicera sina egna övertygelser på allmänheten eller på andra politiska grupper.

Andlig utveckling handlar om att lyssna på och att följa sin inre vägledning.

Det är viktigt att känna efter och vara medveten om vad som resonerar med dig på ett djupt plan, snarare än att följa en viss tro eller tradition bara för att andra gör det.

Att iaktta och att studera sig själv på det som vi projicerar på andra människor hjälper oss på vägen att bli mer medvetna.
Att få en förståelse för att projektioner är mycket vanligt människor emellan hjälper också till att inte "fastna" i det som vi själva och andra dömer.

Kraftplatser

I helhets och enhetsmedvetande utgör kraftplatser på vår moder jord en viktig del.

En kraftplats även kallad en helig plats är ett område på jorden som anses ha en särskild, ofta andlig eller energetisk betydelse.

Dessa platser tros vara laddade med kraftfull energi som kan ha en positiv inverkan på människor, både fysiskt och psykiskt.

Ofta förknippas kraftplatser med en känsla av harmoni, inre frid och förnyad energi, och de har traditionellt ansetts vara platser för helande, kontemplation eller andakt.

Kraftplatser återfinns ofta på ställen där naturen uppvisar en särskild skönhet eller unika egenskaper.

Detta kan inkludera höga berg, sjöar, källor, skogar eller andra natursköna områden som ger en känsla av stillhet och skönhet.

Denna energi kan komma från naturliga jordförhållanden, som t.ex. vattenkällor, geologiska formationer eller magnetiska fält.

Många kraftplatser är också religiösa eller historiska platser, som exempelvis gamla tempel, kyrkor, altare, stenar eller monument.

Dessa platser har en lång tradition av andakt eller kult och betraktas som heliga eller vördnadsfulla.

Exempel på sådana platser kan vara Stonehenge i Storbritannien, pyramiderna i Egypten, eller Machu Picchu i Peru.

I vissa spirituella traditioner anses kraftplatser ligga längs så kallade leylinjer, osynliga energilinjer som sträcker sig över hela jorden.

Enligt dessa traditioner är dessa linjer en typ av osynligt nätverk av energifält, som korsar platser på jorden där kraften är koncentrerad.

Enligt denna tro kan dessa linjer påverka människors välbefinnande och ge möjlighet till inre helande när man vistas på dessa platser.

Många kraftplatser är också omgivna av myter, legender och berättelser som ger dem ytterligare betydelse.

Dessa kan vara platser där viktiga händelser har inträffat eller där människor genom tiderna har sökt fördjupad kontakt med det andliga eller gudomliga.

Ofta anses dessa platser vara "portar" mellan den fysiska världen och en andlig dimension, där människor kan få insikter eller uppleva helande.

En av de främsta anledningarna till att människor söker sig till kraftplatser är för att söka helande.

Många tror att dessa platser har en särskild energi som kan lindra fysiska eller emotionella problem.

Det är vanligt att människor besöker kraftplatser för att få tillbaka sin energi, hitta inre frid eller bearbeta sorg och trauma.

Kraftplatser kan vara platser för självreflektion och meditation. För många människor är dessa platser möjligheter att komma i kontakt med sin inre själ, utforska sin andlighet eller få djupare insikter om sig själva och sitt liv.

Genom att vistas på en kraftplats kan man ofta känna en starkare koppling till det gudomliga eller till naturen, vilket kan ge nya perspektiv på livet.

Vissa människor söker sig till kraftplatser för att förbättra sitt fysiska hälsotillstånd.

Det finns de som menar att naturen och specifika energifält på kraftplatser kan hjälpa till att lindra kronisk smärta, stress och andra fysiska problem.

För många är besök på kraftplatser en möjlighet att uppleva och förstå en plats med stor kulturell, religiös eller historisk betydelse.

Att besöka en sådan plats kan ge en känsla av vördnad och tillhörighet till något större än sig själv.

För att uppleva kraften på en kraftplats är det ofta viktigt att vara öppen, medveten och närvarande.

Kraftplatser kan ha en stark inverkan på oss om vi tillåter oss att vara närvarande i stunden.

Genom att gå långsamt, andas djupt och verkligen uppleva naturen omkring oss kan vi öppna oss för de energier som finns på platsen.

I vissa traditioner tror man att man kan "tanka" energi från en kraftplats genom att stå barfota på marken, ta in omgivningens vibrationer och absorbera den energi som flödar genom platsen.

Kraftplatser är ofta platser som bär på en särskild energi eller andlig kraft, och människor söker sig dit för helande, reflektion, andlig tillväxt och för att få kontakt med något större än sig själva.

Oavsett om de är naturliga eller skapade av människor, har dessa platser en förmåga att beröra våra inre känslor och ge oss en känsla av förnyelse, energi och inre frid.

I TCM (traditionell kinesisk medicin har man en övertygelse om att kroppen är uppbyggd av energikanaler, kallade meridianer, som förbinder organen med olika delar av kroppen och styr flödet av qi (livskraft).

På ett liknande sätt finns det i vissa traditionella system också tanken att jorden har ett energinätverk, och att detta nätverk liknar meridianerna i människokroppen.

Iden traditionella kinesiska världsbilden betraktas hela planeten som en levande entitet, och jorden skulle ha sina egna energilinjer och meridianer som liknar de i den mänskliga kroppen.

Dessa energiflöden sträcker sig över hela jordens yta och skulle kunna påverka hur energi flödar i landskapen, byggnader och till och med i människorna som bor där.

Precis som vi behöver ett fritt flöde av qi i våra egna kroppar för att må bra, anses jorden också behöva en fri och harmonisk energi för att skapa balans. Blockeringar eller störningar i dessa energilinjer kan enligt vissa trostraditioner orsaka ekologiska eller mänskliga problem, såväl som personliga obalanser.

Leylinjer kan beskrivas liknande som de energikanaler som människor har. Dessa osynlig energikanaler går över hela jorden, likt ett nätverk som binder samman jordens fysiska och andliga krafter.

Många av de platser som är förknippade med leylinjer är sådana som anses vara heliga eller kraftfulla, som Stonehenge, de egyptiska pyramiderna eller kinesiska tempel.

Dessa platser tros vara inbyggda i nätverket av leylinjer energi, och enligt vissa idéer skulle de fungera som energicentra som reglerar eller förstärker flödet av jordens energi.

Vissa teorier menar att människor genom byggnader, heliga platser, och till och med specifika ritualer kan påverka eller utnyttja energiflödet i leylinje nätverket.

Enligt vissa andliga traditioner, som shamanism eller vissa former av andlighet, kan man påverka energin på jordens meridianer genom meditation, bön, ceremoni eller ritualer.

Dessa handlingar anses kunna återställa flödet av Qi och få energilinjerna att flöda på ett mer harmoniskt sätt.

Genom att skapa medvetenhet om leylinjer och meridianflöden kan man använda visualisering eller specifika mantran för att rensa och öppna upp blockeringar i energiflödet.

Att arbeta vid eller inom närheten av heliga platser kan anses vara ett sätt att påverka jorden på en djupt spirituell nivå, där människor tillsammans utför handlingar för att hela och skydda planeten.

Inom Feng Shui, en gammal kinesisk lärdom om hur energi (Qi) flödar i vårt inre och yttre liv, har också paralleller till tanken om att påverka jordens energiflöden.

Feng Shui kan användas för att harmonisera livsrum såväl som för att "läka" störningar i den omgivande naturen.

I denna tradition handlar det om att återskapa harmoni mellan människa och natur, vilket ibland innebär att omforma landskap eller omorganisera byggnader för att hjälpa till att förbättra flödet av jordens energi.

Att "läka" jordens meridiansystem och leylinjer-nätverk handlar om att återställa balansen mellan de osynliga energilinjernas flöden och människans aktiviteter.

Detta är ett ämne som spänner över en större bred och det handlar om att förstå sambandet mellan våra liv och jordens energiflöden.

Oavsett om det görs genom praktiska metoder som med exempelvis slagruta/pekare eller genom spirituella ceremonier och meditationer, handlar det om att återställa ett harmoniskt förhållande mellan människan och planeten.

Många människor säger att de känner en starkare andlig närvaro eller klarhet när de mediterar på dessa platser.

För vissa kan det kännas meningsfullt att hålla en personlig ceremoni, som att tända ett ljus, be eller utföra en ritual, för att skapa en djupare kontakt med platsens energi.

Tips är att sätta dig på kraftplatsen och att koppla till energin på en kraftplats:

Sätt dig gärna i tystnad och öppna ditt sinne för platsens energi.

Slut dina ögon och låt dig förnimma och ta emot platsens energi, kanske finns något budskap till dig.

Att besöka kraft platser

När vi besöker gamla kraftplatser så kan det väcka upp mycket gamla minnen inom oss.

Genom att gå inåt i oss själva och att ta emot platsens kraft så aktiverar vi cellminnen som kan vara sammankopplade med tidigare minnen från tidigare inkarnationer.

När vi aktiverar dessa cellminnena inom oss och kan se och förstå dem så får vi en chans att återta puzzelbitar/själsbitar av oss själva som vi av olika anledningar förlorat i tidigare inkarnationer.

Vid ett tillfälle när jag besökte Havängsdösen tillsammans med min man så fick jag kontakt med en ande från långt tillbaka i tiden. Det var en man och han presenterade sig som stammens benbärare.

Han berättade för mig att han bar benbitar från de som dött tidigare i hans stam.

Han hade det som uppgift att bära benbitarna och att han på det sättet bevarade kraft och visdom vidare till nästa generation.

Han visade att stenarna vid Havängsdösen var en plats där man samlades för olika ritualer och att det fanns och var begravt benbitar från tidigare generationer.

Stenarna var en förlängning av benen och av kraften och visdomen från tidigare släktingar.

Genom att hålla och ta kontakt med Stenarna och att vara på platsen kunde man få kontakt med andra sidan och få ta del av visdom och kraft.

Benbäraren visade att detta var mycket viktigt för stammen och dess överlevnad.

Kanske är det en kvarleva till våra gravar och stenar som vi sätter på graven?

Vi kanske inte kan få ett tydligt svar men en sak är säker och det är att jag precis som många andra människor har en dragning till dessa uråldriga platser som ofta kallas för gravar.

I min värld är det så mycket mer så och genom att beträda dessa platser så känner jag på djupet i min själ och in i benen att jag får kontakt med mitt ursprung och en magisk kraft.

Tidigare liv

I arbetet med att återta vår kraft så är det viktigt att känna till regressionsterapi. Genom att använda oss av regressionsterapi kan vi nå djupare in i våra cellminnen för att läka det som tar kraft och blockerar oss på ett undermedvetet plan.

Regressionsterapi är en psykoterapeutisk metod som används för att hjälpa individer att återuppleva och bearbeta minnen eller erfarenheter från tidigare faser av livet, och i vissa fall, tidigare liv.

Detta görs ofta genom tekniker som hypnos, visualisering eller djup avslappning, där klienten får tillgång till undermedvetna minnen och känslor.

En del terapier fokuserar på att gå tillbaka till barndomsupplevelser för att bearbeta gamla trauman eller känslomässiga blockeringar, medan andra sträcker sig längre tillbaka i tiden, till exempel genom att utforska möjliga tidigare liv.

Målet med regression är att hjälpa individen att förstå och bearbeta känslomässiga trauman eller blockeringar som kan ha sitt ursprung i tidigare erfarenheter, oavsett om dessa är från nuvarande liv eller tidigare liv. Genom att konfrontera och bearbeta dessa minnen kan individen få en djupare förståelse för sina nuvarande beteenden och känslor, vilket i sin tur kan leda till läkning och personlig utveckling.

Genom att gå tillbaka till tidigare liv eller barndomen kan man identifiera och bearbeta gamla trauman eller sår som påverkar den personliga utvecklingen.

Till exempel kan människor som har svårt med relationer nu, efter en session med regression, upptäcka att de tidigare varit utsatta för övergrepp, förlust eller rädsla i barndomen eller i ett tidigare liv.

Många söker regressionsterapi för att förstå varför de återkommer till vissa negativa mönster i sitt liv, som att välja fel partners, känna rädsla för specifika situationer, eller undvika vissa aktiviteter. Genom att upptäcka och förstå dessa mönster kan klienten få hjälp att bryta dem.

Vissa människor söker regressionsterapi för att lösa fysiska symptom eller sjukdomar som de känner har sitt ursprung i trauman eller känslomässiga blockeringar från tidigare liv eller barndomen.

Vissa terapeutiska metoder fokuserar på att "frigöra" kroppen från negativa energier som tros vara lagrade i cellerna.

En del personer tror att relationer som inte fungerar i nuvarande liv kan ha rötter i tidigare liv, vilket kallas för karmiska band. Regressionsterapi kan hjälpa individen att förstå om vissa svårigheter i nuvarande relationer kan bero på tidigare liv, vilket kan ge en känsla av försoning eller lättnad.

När det gäller tidigare liv-regression, går klienten tillbaka i tiden för att få tillgång till minnen som anses vara relaterade till dessa tidigare liv.

Genom att bearbeta och förstå dessa minnen kan individer få en känsla av avslut, förlåtelse eller insikt, vilket ibland tros hjälpa dem att komma vidare i sitt nuvarande liv.

Det kan vara fysiska eller emotionella sår som fortfarande påverkar nuvarande liv.

Återkommande fobier och rädslor som inte kan förklaras genom nuvarande livserfarenheter, men som tros härstamma från tidigare liv.

Relationer som känns karmiska och relationer där det finns en stark, ofta oförklarlig dragning eller konflikt.

Regression kan hjälpa till att förstå om dessa relationer har rötter i tidigare liv.

Upplevelser av tidigare liv som olika historiska personer eller som personer av ett annat kön eller i en annan kultur.

Oavsett om man tror på tidigare liv eller inte, kan metoden vara hjälpsam för att få insikter om tidigare erfarenheter, mönster och blockeringar som kan påverka nuvarande liv.

Det är viktigt att närma sig dessa terapier med ett öppet sinne, men också att vara medveten om att man kan använda dem som ett komplement till andra former av terapi och behandling om det behövs.

Budskap Maria Magdalena

Den spruckna spegeln

Genom historien och genom tidigare inkarnationer och in i ert nuvarande liv har ni blivit lurade att tro på en förvrängning av er själva och en förvrängning av er värld.

Ni har blivit lurade att tro att ni är olika värda som människor.

Ni har blivit lurade att tro att den feminina kraften är mindre värd.

Ni kan se det som en symbolisk bild där den heliga graalen representerar er själva och att inuti gralen finns en spegel som återspeglar er själva i er storhet och i er själs sanna ljus och kraft.

Genom historien blev ni utsatta för övergrepp, traumar och skador.

Dessa övergrepp, trauman och skador orsakade sprickor i spegeln inuti graalen.

När ni nu tittar i graalen och i den spruckna spegeln så ser ni en förvrängning av er själva.

Spegeln som är sprucken kan inte återspegla er själva i er storhet, skönhet och kraft.

Den kan inte göra er rättvisa där ni verkligen ser vem ni
är.

Det är dags att återta er kraft och makt tillbaka till er
själva.

Det är dags att se er själva med nya ögon och att förstå
vilka fantastiska själar ni är.

Det är ni som nu tillsamman ska föda den nya jorden.

Det är ni som återtar den heliga feminina kraften för att ta
tillbaka det som en gång tillhörde alla människor.

Tiden är mogen att genomskåda det spel som upprepats
gång på gång för att ni skulle tro att ni var mindre värda
istället för att se och veta att alla är lika värda och
värdefulla.

Jag följer er på vägen för att påminna er om ert ursprung
och er stjärnmoder.

Jag följer er fram till en ny tid på HJÄRTATS VÄG för att
ni ska ta tillbaka det vilda fria hjärtat.

Nu är tiden här för att läka er själva och er spegel.

Att släppa taget om det gamla som orsakat sprickorna i
spegeln, så att ni kan återspegla den sanna kraften och den
ursprungliga kraften från stjärnmodern.

Jag är Maria Magdalena som kommer med kärleksfröna till din inre trädgård.

Jag kommer med eldkraften för att bränna det gamla.

Att du nu ska våga vara den du är och att våga vara den nya tidens feminina ledare för att hjälpa dig själv och vår jord att blomstra i den nya tidens anda för frihet, fred och kärlek.

Detta mycket starka budskap påverkade mig in i märgen och den symboliska bilden på graalen med en sprucken spegel inuti var mycket talande.

Spegeln är en återkommande symbol som följer oss genom historien på olika sätt.

Ursprunget till att krossa en spegel och att möta sju år av otur och vidskepelse kan spåras tillbaka till romarna, som var de första att skapa glasspeglar.

Romarna, tillsammans med de grekiska, kinesiska, afrikanska och indiska kulturerna, trodde att en spegel hade makten att ta över en del av användarens själ.

En del trodde att om användaren skulle krossa en spegel skulle det innebära att dennes själ skulle vara fångad inuti den värld som spegeln representerade.

I huvudsak skapade en trasig spegel en trasig själ, vilket i sin tur ledde till den olyckliga användarens trasiga hälsa.

Romarna trodde också att en persons fysiska kropp förnyade sig vart sjunde år, så enligt det kriteriet skulle det ta sju år innan användarens själ skulle vara helt återställd.

Fram till dess skulle livet för en spegelkrossare vara en enda lång rad olyckliga händelser, eftersom han eller hon inte längre hade en sund själ att avvärja det onda.

Som tur är finns det även ett antal ritualer som sägs motverka den mycket dåliga energi som skapas när man slår sönder en spegel.

Eftersom bitarna av spegeln fortfarande kan reflektera den osunda själen, bör hela spegeln malas till damm.

Om man inte kunde se i de trasiga bitarna så var det inga problem.

En metod var att efter att du har krossat en spegel skulle du begrava bitarna under ett träd under en fullmåne.

När Maria Magdalena visar en sprucken spegel inuti gralen och pratar om att vi ska titta ner i graalen och i den spruckna spegeln, ser vi en förvrängning av oss själva.

Hon säger att när spegeln som är sprucken kan den inte återspegla oss själva i vår storhet, skönhet och kraft.

Hon säger att den inte kan göra oss rättvisa där vi verkligen ser vem vi är.

Hon visar denna enkla men mycket kraftfulla bild och symbol för att vi verkligen ska förstå att vi är så mycket mer än det vi kan se för ögat.

Att bilden av oss själva är förvrängd och att vi nu ska arbeta för att återta den autentiska och sanna bilden av oss själva.

Så vem är vi om vi ska se oss själva i den hela spegeln?

Genom vår uppväxt speglar vi oss i våra föräldrar och de som finns runtomkring oss.

Våra föräldrar bär också med sig en förvrängd bild som de i sin tur har ärvt från tidigare släktingar osv.

Båda våra föräldrar är förebilder på både gott och ont.

För att få en klarare och helare spegelbild av oss själva så behöver vi spegla oss med förebilder som kan hjälpa oss på vägen att bli helare.

Genom att titta på vår relation med våra föräldrar och hur det färgat av sig på oss så kan vi börja ta steg gentemot att välja bort de förvrängningar som ej är "sanna" och autentiska för oss och vår själ.

Även om jag är övertygad om att vi väljer våra föräldrar och hur vi växer upp för att ta lärdom av detta så tar det inte bort det faktum att vi behöver skala av oss beteende och mönster som är ohälsosamma för oss.

Maria Magdalenas budskap om graalen och den spruckna spegeln inuti handlar om att vi själva är graalen på jorden.

Att genom inkarnationer så har vi blivit utsatta för svårigheter och trauman och att vi nu kommit till en punkt i historien då det är dags att släppa och hela dessa cellminnen som står i vägen för att vi fullt ut ska kunna vara i vår sanna kraft.

Vi behöver våga ställa frågor till oss själva som:

Vilka sprickor finns i min spegel och hur kan jag hela och läka dem?

Vem är jag utan förvrängningen i spegeln?

Vad behöver jag tömma ut ur min graal för att kunna fylla den mer med gudomlig kärlek och ljus?

Det andligt& feminint ledarskapet

Både kvinnor och män behöver få en förståelse och insikt om det andliga feminina ledarskapet.

Till motsatts till den patriarkala makten som styrt oss så handlar andligt och feminint ledarskap om att kraften och makten kommer inifrån oss själva och behöver inte tas utifrån någon eller något.

Det är det transparenta ledarskapet som har medkänsla, visdom, frihet, fred, helhet, kreativitet och kärlek som ledord.

Det är att själv gå sin väg genom att låta sig guidas inifrån sitt hjärta och uppifrån en högre dimension och kraft från den andliga sfären.

Det är att själv välja att gå vägen och att möta sina egna utmaningar, sår, blockeringar och svårigheter för att se, förstå, uppleva och att omvandla med hjälp av kärlekskraften inifrån och uppifrån.

Här ser man på helheten och vad som är bra för individen och gruppen i ett större perspektiv.

För mig känns det snarlikt indianernas sätt att ta viktiga beslut som är väl grundade för att fungera sju generationer framåt i tiden.

I det feminina ledarskapet är kreativiteten en stor del i att
ta tillvara, att hitta nya användningsområden, att skapa
nytt och att använda både nytt och gammalt för att skapa
skönhet balans och harmoni.

Med hjälp av den andliga sfären kan vi ta emot
kreativiteten genom oss och ut för att befrukta oss själva
och vår omgivning och jord.

Man kan hjälpa till för sin omgivning genom att själv vara
transparent och på det sättet bidra att skapa ett icke
dömande omgivning och samhälle och inspirera andra att
våga vara sig själva i acceptans och självkärlek.

Man kan hjälpa till att skapa en medkännande och
kärleksfull atmosfär där ingen är bättre eller sämre.

Genom att själv ha med sig visdom från det man själv har
upplevt som svårigheter kan man hjälpa och att leda
andra att finna sin egna inre röst och väg att leda sig själv.

I det Andliga feminina ledarskapet är det kraften av att
vända sig inåt i meditation, tystnad, bön och att
uppmärksamma den inre sfären tillsammans med det
andliga som är mest avgörande.

Det är att följa hjärtat.

Andligt feminint ledarskap är motsatts till den Patriarkala makten.

Det är den patriarkala makten som har styrt på vår jord i flera tusen år.

Patriarkaliskt styre är ett system där män har mer makt och privilegier än kvinnor i både det offentliga och det privata livet.

Andligt feminint styre är ett alternativt system där kvinnor har mer inflytande och respekt för sina andliga och intuitiva förmågor.

Andligt feminint styre är ett begrepp som har använts för att beskriva ett mer harmoniskt och balanserat sätt att leva i samklang med naturen och det gudomliga.

Andligt feminint styre betonar vikten av kärlek, medkänsla, fred, kreativitet och helhet.

Det andliga och feminina ledarskapet är att leda sig själv och andra uppifrån och inifrån och att vara förankrad djupt ner i jorden.

Det är att bearbeta och att göra inre arbete och utforskning med sig själv för att blottlägga och "skaka" sig själv till en klar vätska.

För att vara ledaren så behöver man själv uppleva, hela, läka och få en bredare förståelse så att kärleken och den empatiska förmågan är fullt närvarande för andra.

Genom att själv gå vägen för att utvecklas med hjälp av sina egna utmaningar, sår, svårigheter så omvandlas mörker till ljus.

En klarhet och en klar vätska är det som till slut återstår.

Detta är det nya transparanta Feminina och andliga ledarskapets kraft och makt.

Andligt feminint ledarskap handlar om att leda utifrån de värderingar och kvaliteter som traditionellt förknippas med det feminina, men med en djupare andlig grund.

Det är ett sätt att vara en ledare som inte bara styr genom makt och auktoritet, utan genom intuition, empati, lyssnande och samarbete. Det andliga feminina ledarskapet innebär att leva i harmoni med både sina inre värderingar och sin omvärld, och att använda sin inre visdom och medkänsla för att vägleda andra.

Det finns flera centrala egenskaper som kännetecknar ett andligt feminint ledarskap:

Det andliga feminina ledarskapet vilar på en grund av intuition och inre visdom. En andligt feminin ledare lyssnar på sin inre känsla och litar på den inre vägledningen som kommer från själen, istället för att enbart följa externa regler och konventioner. Det innebär att man leder med en känsla av helhet och balans, där man tar beslut med hjärtat lika mycket som med hjärnan.

En andligt feminin ledare kan känna när något är rätt eller fel, även om det inte är uppenbart i rationell mening. Denna förmåga att lyssna på intuitionen gör att ledaren kan vara mer öppen för nya idéer och förändringar, samt skapa en atmosfär av innovation och kreativitet.

Empati är en kärnkomponent i det feminina ledarskapet, vilket innebär att förstå och känna med andra människor på ett djupare plan. En andlig feminin ledare ser sina medarbetare som hela människor, inte bara som anställda eller funktioner, och skapar en miljö där alla kan känna sig värdefulla och respekterade.

En ledare som verkar utifrån empati ser till att förstå de individuella behoven hos sina medarbetare och främjar en kultur av ömsesidigt stöd och tillit. Detta gör att människor känner sig sedda och hörda, vilket kan stärka samarbetsviljan och teamets prestation.

Andligt feminint ledarskap handlar inte om att vara ensam på toppen och fatta beslut i isolering, utan om att involvera andra och skapa en känsla av gemenskap och samarbete.

Den feminina energin handlar ofta om att samla och ena, snarare än att separera och dominera.

En andlig feminin ledare strävar efter att skapa en harmonisk gruppdynamik där varje individs styrkor och talanger får komma till uttryck.

Istället för att fatta beslut på egen hand, söker den andligt feminina ledaren dialog och samråd med andra. Ledaren ser sig själv som en del av teamet, inte som någon som styr över andra. På så sätt byggs ett kollektivt ansvar och en starkare känsla av syfte och samhörighet upp.

En andligt feminin ledare är autentisk och öppen med sina egna erfarenheter, styrkor och svagheter.

Det innebär att vara sårbar och kunna erkänna när man inte har alla svar.

Genom att visa sin egen mänsklighet öppnar man upp för andra att vara autentiska och sårbara också, vilket skapar en tryggare och mer ärlig arbetsmiljö.

En andlig feminin ledare kan implementera program som stödjer medarbetarnas mentala och fysiska hälsa, eller erbjuda möjligheter för personlig utveckling.

Det handlar också om att skapa en kultur där medkänsla, acceptans och förlåtelse är centrala värderingar.

Andligt feminint ledarskap är inte inriktat på kortsiktiga vinster utan på långsiktiga, hållbara lösningar som främjar både individens och organisationens utveckling.

Det handlar om att vara tålmodig, lyssna på den långsamma, ofta subtila, processen för förändring och att inte stressa fram resultat utan tillåta utrymme för växande.

En andlig feminin ledare kan arbeta för att skapa långsiktiga strategier som stödjer både affärsframgång och personlig utveckling för sina medarbetare. Detta kan innebära att ta sig tid att investera i utbildning och personlig utveckling, istället för att fokusera enbart på omedelbara resultat.

Andligt feminint ledarskap handlar också om att se alla som lika värda och att inkludera alla.

Det innebär att erkänna och utmana de strukturer och normer som har lett till ojämlikhet, samt att arbeta för att skapa en värld där alla, oavsett kön, bakgrund eller status, har möjlighet att leda och blomstra.

En andlig feminin ledare ser till att alla röster hörs och att alla får en chans att bidra. Genom att främja en inkluderande arbetsmiljö där alla har samma möjligheter att växa, främjar man mångfald och rättvisa.

En andlig feminin ledare är ofta närvarande i nuet och använder sig av metoder som mindfulness för att vara centrerad och medveten.

Detta gör det möjligt för henne att fatta beslut som inte bara är rationella, utan också känslomässigt och andligt genomtänkta. Genom att vara i kontakt med sitt inre och med sin omgivning kan ledaren navigera komplexa situationer med klarhet och visdom.

En andlig feminin ledare kan använda andningsövningar, meditation eller andra centrerande tekniker för att hålla sig lugn och fokuserad, särskilt i utmanande eller stressiga situationer. Detta gör att hon kan leda på ett mer balanserat och harmoniskt sätt.

Andligt feminint ledarskap innebär att leda från ett inre, intuitivt och empatiskt perspektiv där värderingar som samarbete, inkludering, helande och långsiktighet står i centrum.

Det handlar om att skapa en hållbar, medkännande och autentisk ledarstil som främjar både individuell och kollektiv utveckling.

En andlig feminin ledare skapar en kultur där alla får möjlighet att blomstra och vara sina sanna jag, samtidigt som hon bär på en visdom som grundar sig på både hjärta och själ.

Maria Magdalena om det andliga feminina ledarskapet

Eftersom det andliga feminina ledarskapet är en mycket viktig fråga och ställningstagande så ställer jag frågan till Maria Magdalena.

Hon visar först en bild på en cirkel, det är kvinnor män i cirkeln.

Det är en cirkel och kontra det som har varit och det som varit/är.

I den gamla tiden visar hon en person som bestämmer med hela handen hur det ska vara, men också där andra ställer sig under och inte har samma möjlighet att säga sin åsikt.

I det feminina andliga ledarskapet får alla komma till tals, alla får uttrycka sig alla får säga sin åsikt. Jag ser för mitt inre att man har en "talking stick" och att man lämnar en "talking stick" till varandra.

I det feminina andliga ledarskapet tar man vara på allas olika erfarenheter alla olika förmågor och kapacitet som alla människor har och som är olika.

Därför är det också extra viktigt att alla får lov att komma till tals– –och att man sen kan sammanställa och sammanfatta– –för att komma fram till vad som kan vara bäst för alla, för gruppen.

Så ser jag också en bild på att det feminina ledarskapet att gå inåt i sig själv och att meditera.

Att tanka ner ljuset från den högre källan och att förankra sig i jorden.

Att arbeta på att vara förankrad, att vara jordad, att vara grundad för att kunna ta beslut som är bra.

Men också som är bra för jorden.

Så inte bara för människor utan även för jorden.

Som andlig feminin ledare så ser man också helheten och förstår att allting hänger ihop och påverkar varandra.

Hon visar att det som är utmärkande i det andliga feminina ledarskapet är hjärtat, kärlekskraften och att arbeta på att den kraften ska få näring, den ska underhållas och få näring så att kärlekskraften kan växa sig ännu starkare.

Att de beslut som man tar ska vara grundade utifrån kärlek och omtanke som är för allas bästa.

Hon visar att man bygger en bro utav kärlek dels emellan människor dels mellan människor och jorden men även ut i universum och till andra energier och till andra platser.

Att det är kärleken från ett högre plan som man som andlig feminin ledare också hela tiden arbetar med att hjälpa till att för att sprida och höja energin på den plats där man själv befinner sig med sig själv och de som finns runt omkring men också vidare ut i energinätet.

Det handlar väldigt mycket om att tanka ner energi från ett högre plan och att förankra det ner i jorden.

Det är för att kärlekskraften ska komma till alla och att alla ska få del och nytta utav energin.

Att det verkligen kan hjälpa både människor och jorden att växa och att blomstra.

Det är som att det gamla sättet om att styra går i graven.

Hela det patriarkala sättet att styra går i graven och att man har ingen vinst eller förtjänst med det nya sättet att styra utan det som är vinsten är allas vinst och allas förtjänst.

Det är som ett överflöd som finns och att det kommer till del till alla, till hela jorden och hela jordens befolkning.

Det hjälper oss att verkligen skapa paradiset på jorden.

Jorden är ett paradis, men där har funnits krafter som har härskat så lång tid som har gjort att jorden och människorna inte har kunnat få lov att blomstra på det sättet.

I den nya tiden, med den nya tidens andliga feminina ledarskap, som ju både män och kvinnor kan leda ifrån, så är det till allas fördel, till allas bästa.

Alla får lika stor del av kakan.

Det är Maria Magdalena som kommer som visar att hon går först på en stig och att bakom henne går det kvinnor och män och barn. Hon känner naturen och klimatet när hon går.

Hon känner solen som strålar i hennes ansikte. Hon känner naturen, årstiden. Hon visar hon att om man ska känna sig säkrare inifrån och ut, så behöver man skala av olika lager i sig själv eller av sig själv.

Att det man behöver skala av kan vara tidigare händelser, tidigare upplevelser som har färgat av sig och som stannat kvar, kanske i ens energifält eller på något annat sätt.

Det kan vara fysiskt i kroppen eller på ett eteriskt plan.

Men att det har stannat kvar och färgar av sig.

Att den färgen färgar av sig på andra saker.

Det kan färga av sig till exempel på de beslut som man tar.

Men också på ett känslomässigt plan.

Det kan vara förmågan att tro på sig själv.

Om man har haft en upplevelse som har påverkat att man har tappat tilliten till sig själv i något avseende

Då kommer det att färga av sig framöver på övrigt i livet.

Det är därför så viktigt att bit för bit skala av sig det som har färgat av sig från de händelserna och de upplevelserna som har fastnat.

Att skala av sig det och genom att möta det i till exempel meditation, där man går tillbaka till de händelserna som har färgat av sig för att läka och helas.

Ljuset kan då träda fram och bli tydligare.

Och så att man till slut blir mer transparent, mer genomskinlig, mer som en klar vätska.

Att till slut är det inte är så mycket som färgar av sig längre och att man är medveten om vem man är, var man kommer ifrån. Att man blir medveten om sitt andliga ljus och kraft. Ju närmare man kommer in i kärnan av sig själv och till tråden som löper igenom oss till mitten pelaren som vi bär inne i oss, kan vi känna oss mera mer stabila och säkra i förhållande till oss själva.

Vi kan se det med en större klarhet, när saker och ting händer runtomkring, vad det handlar om.

 Det blir inte lika lätta att låta oss påverkas av att det som färgat av sig från de händelserna som tidigare har hänt oss.

Om vi har rensat bort detta så kan man ha en annan distans till när det händer saker.

Maria Magdalena visar att det andliga och feminina ledarskapet handlar om att bit för bit dra av de olika lager som har blivit efterhand genom både detta livet men också tidigare liv och från tidigare generationers olika trauma och händelser.

Att skala av, precis som att man har många olika lager med tröjor på sig eller något annat där det är lager på lager på lager.

Ibland är det så att man inte kan nå ett lager förrän man har tagit ett lager, så att det kan också vara att även om man skulle behöva få tag på ett visst lager, då måste man göra annat jobb först. Det kommer i en gudomlig ordning, Det handlar om att följa med i utvecklingen och att man får, lägga sitt ego åt sidan och bara låta det ske som ska ske och ha tillit till processen.

Från en meditation med Maria Magdalena och det himmelska rådet

Det är en omvälvande resa jag gör i kontakten med Maria Magdalena, och jag bär tvivel på mig själv och min förmåga att verkligen förmedla det jag skriver till andra.

I en meditation får jag svar från Maria Magdalena och det Himmelska rådet. Jag får en bild av att de omger mig med en krans av rosor och placerar mig i dess mitt. Jag tänker på tarotkortet Världen, nummer 21 – en symbol för avslut, men också för en ny början. Världen ligger framför mig. Jag känner mig rörd, nästan gråtmild.

Sedan sätter de en krona på mitt huvud och påminner mig om alla de initieringar jag genomgått under mitt liv och min livsresa. Jag har klarat proven – vissa tog längre tid, andra kortare – men nu är jag redo för det jag förberetts för under så många år. De sveper även en mantel över mig, som i en kröning.

Mina tvivel har handlat om att jag inte skulle vara värdig eller tillräcklig, men de visar mig att allt jag gjort – alla erfarenheter, all kunskap och egen utveckling – gör mig helt självklart värdig. Ändå finns ett spår av tvekan kvar inom mig. Svaret som kommer är enkelt: jag behöver bara vara självklar, enkel och veta att allt är som det ska vara. Jag befinner mig exakt där jag ska vara på min resa.

När jag sedan delar detta med andra, kommer energier
från ett högre plan att strömma genom mig på ett enkelt
och naturligt sätt. Det kommer att lyfta och berika många,
inte bara människor, utan även jorden själv.

Att hela vårt inre barn

Att hela vårt inre barn är en del i att återta vår kraft.

För mig har det varit direkt avgörande för att komma vidare med mig själv och att kunna befinna mig där jag är idag.

Det är ett kraftfullt och ofta transformerande arbete som många människor genomgår för att förstå och bearbeta de känslomässiga sår eller trauman som kan ha uppstått under barndomen.

Det handlar om att återknyta till och läka den del av oss själva som bär på känslor, behov och erfarenheter från våra tidigaste år.

Denna process kan ha en djupgående inverkan på vårt vuxna liv, våra relationer, och vår självkänsla.

Vi har alla ouppfyllda behov från vår barndom.

Om vi inte fick våra känslomässiga behov tillgodosedda som barn—t.ex. behov av kärlek, trygghet, uppmärksamhet eller bekräftelse—kan vi som vuxna bära med oss känslor av tomhet eller värdelöshet.

Genom att arbeta med vårt inre barn kan vi identifiera dessa behov och försöka tillfredsställa dem på ett hälsosamt sätt i nuet.

Många av de mönster och beteenden vi utvecklar som
vuxna kan ha sina rötter i vår barndom.

Kanske vi har svårt att sätta gränser, känner oss övergivna
vid konflikter eller har problem med att uttrycka våra
känslor. Dessa mönster är ofta försvarsmekanismer vi
skapade som barn för att skydda oss från smärta eller
osäkerhet, men de kan hindra oss från att leva fullt ut som
vuxna.

Att hela det inre barnet innebär att förstå och frigöra oss
från gamla mönster som inte längre tjänar oss.

För många innebär läkning av det inre barnet att bearbeta
barndomstrauman, som misshandel, försummelse eller
andra svåra upplevelser.

Genom att möta och integrera dessa trauman kan vi hitta
helande och frihet, vilket gör att vi inte längre behöver
dras med dem i vårt vuxna liv.

Genom att läka vår historia med vårt inre barn får vi
tillgång till de naturliga kreativa, lekfulla och öppna inom
oss som vi hade som barn.

När vi helar vårt inre barn, återknyter vi ofta till dessa
aspekter av oss själva som kan ha förlorats under åren av
vuxenlivets ansvar och allvar. Att tillåta sig själv att leka,

vara nyfiken och känna glädje på nytt är en viktig del av den inre healingprocessen.

Många vuxna har svårt att skapa hälsosamma, balanserade relationer eftersom de omedvetet bär på barnsliga sår eller mönster.

Genom att hela det inre barnet kan vi börja förstå våra behov bättre, sätta sunda gränser och bygga mer medkännande och respektfulla relationer med andra.

Många av oss bär på en inre kritiker som härstammar från barndomens erfarenheter.

När vi lär oss att hela vårt inre barn, börjar vi också visa oss själva mer medkänsla och acceptans.

Vi slutar att skuldbelägga oss själva för våra svagheter eller misstag och lär oss att vara mer kärleksfulla mot oss själva, vilket i sin tur främjar vårt emotionella välbefinnande.

Det finns många vägar att gå för att hela det inre barnet, och varje individs resa ser olika ut, men här är några vanliga metoder som kan hjälpa.

Självreflektion och medvetenhet:

Att börja förstå och identifiera de smärtsamma eller ouppfyllda behov vi hade som barn är ett första steg.

Genom att reflektera över våra barndomsupplevelser och hur de påverkar vårt vuxna jag, kan vi börja förstå varför vi reagerar på vissa sätt i dag.

Att skriva dagbok eller brev:

Att skriva till ditt inre barn kan vara ett helande verktyg. Du kan skriva ett brev till dig själv från den delen av dig som var barn, och uttrycka känslor av sorg, ilska eller behov av kärlek.

Eller skriva från det vuxna jaget till barnet och trösta och validera dess känslor.

Medkänsla och självkärlek:

Ett centralt element i att hela vårt inre barn är att utveckla en mer medkännande och kärleksfull relation till oss själva.

Detta kan innebära att vi tillåter oss själva att känna våra känslor utan att döma oss f, samt att ge oss själva den omsorg och närvaro vi kanske inte fick som barn.

Visualisering och meditation:

Många människor använder visualisering för att möta sitt inre barn. Genom att meditera eller föreställa sig att vi återförenas med vårt yngre jag, kan vi ge det barnet den trygghet och kärlek det saknade.

En sådan visualisering kan vara att hålla barnet, trösta det och ge det trygghet, precis som en omsorgsfull förälder skulle göra.

Jag brukar ofta rekommendera att man tar fram en bild på sig själv som barn och kanske att man placerar något som man tyckte om som barn bredvid fotografiet exempelvis en docka, ett gosedjur eller något annat.

Att man kan ha detta bredvid sig på sängbordet och att man påminns att visa uppmärksamhet till sitt inre barn.

Att man försöker att ha en levande kommunikation med sig själv och sitt inre barn och att vara den goda modern till sig själv.

Terapi och stöd

Att arbeta med en terapeut, särskilt någon som har erfarenhet av trauma eller inre barnarbete, kan vara otroligt hjälpsamt. Jag har själv gjort ett antal olika terapier för att hela mig själv som barn.

Exempel är gestaltterapi som var för mig ett mycket kraftfullt sätt att bearbeta barndom och händelser som satt djupa spår och påverkat mig på olika sätt.

Terapi kan hjälpa oss att identifiera underliggande sår och bearbeta dem på ett konstruktivt sätt.

Att hela vårt inre barn är inte en snabb eller enkel process, men det är ofta en av de mest befriande och stärkande resorna vi kan göra.

Det handlar om att ge oss själva den kärlek och förståelse som vi kanske saknade som barn och att skapa en mer medveten och hel relation till oss själva.

Genom att läka vårt inre barn kan vi öppna upp för en djupare känsla av självkärlek, inre frid och livsglädje.

Fråga till Modern Maria om hela vårt eget inre barn

Det första som kommer är en bild av barn i olika delar av världen – barn som växer upp under helt olika förhållanden. Vissa är fattiga, andra lever i överflöd, och några har det materiellt sett hyfsat bra. Hur dessa omständigheter påverkar barnen formar både deras barndom och resten av deras liv, om de inte får möjlighet att bryta gamla mönster.

Jag ser också hur barnen blivit uppfostrade – eller inte uppfostrade – och hur de bemötts av vuxna. Dessa tidiga erfarenheter lämnar djupa avtryck som följer med dem genom livet. Maria Magdalena visar att alla barn behöver kärlek – det är grundläggande för livet. Att bli sedd, att få sina basala behov tillgodosedda – mat, sömn, trygghet – är viktigt, men kärleken är själva näringen för själen.

Kärlek kan komma från människor, men också från naturen, från färger, lek, skratt och allt som ger barnet glädje. När barnet skrattar, sprider kärleken sig till omgivningen – till föräldrar, till människor, till djur och natur. Glädje och kärlek hör ihop; när barnet känner glädje tillsammans med andra upplever det kärlek, och detta stärker både barnets energi och omgivningen.

Föräldrar och vuxna har uppgiften att skydda barnet, ge trygghet och visa vägen mot ljus och kärlek. Utan trygghet fastnar barnet lätt i rädsla, och när rädslan får fäste kan den omvandlas till ilska eller sorg. Det är viktigt att leda barnet tillbaka till glädje, överflöd och kontakt med den andliga sfären – en kontakt som finns naturligt redan från början.

När vi helar vårt inre barn frigör vi oss från de låga frekvenser som fastnat genom tidigare händelser. Exempelvis kan en upplevelse som skedde när barnet var fem år gammal lämna spår som minskar glädje och frihet i livet. Att återkalla de förlorade bitarna, och möta dem med en vuxens trygghet och kärlek, ger barnet möjlighet att återfå sin glädje, frihet och sin förmåga att känna kärlek.

Detta arbete kan göras på många sätt – genom meditation, genom att föreställa sig sitt inre barn och ha samtal med det, eller genom att låta sig själv ledas tillbaka till de situationer där bitarna gått förlorade. Det är viktigt att göra detta med distans och trygghet, så att det inre barnet kan känna stöd och säkerhet.

Ju mer vi arbetar med vårt inre barn, desto mer hjälper vi även andra barn och jorden – både de som lever här nu och de energier som finns kvar i världen. Energin höjs, frekvensen stiger, och det blir enklare för de som kommer efter att fortsätta detta arbete.

Maria Magdalena visar ett stort rött hjärta – symbolen för jordens barn och deras inre barn. Ur hjärtat växer en vacker ros, som bär kraften av kärlek. Rosen blommar, sprider sin energi och skapar en enhetlig, blomstrande värld. Det är en vision om paradis på jorden, där människor får blomstra och aldrig känna sig ensamma. Vi har alltid stöd och beskydd från andra sidan, och vi kan be om det när vi aktivt arbetar med kärlek och helande.

Maria Magdalena visar att detta bara är en del av processen att hela vårt inre barn – men en viktig, grundläggande del som sprider kärlek, glädje och ljus, både inom oss själva och i världen.

Akashi Krönikan -Livs biblioteket

Alla människor har sitt egna Akashi krönika och Akashi läsning ger oss ytterligare ett verktyg för att återta vår kraft.

Akashi bibliotek, är ett begrepp som härrör från den teosofiska traditionen och används inom andliga och esoteriska sammanhang. "Akasha" är sanskrit för "etern" eller "himmelskt ämne", och Akashi biblioteket anses vara en sorts andlig "databas" eller "universell bok" som innehåller all information om varje själ, inklusive deras liv, handlingar, tankar, känslor och erfarenheter genom alla livstider.

Akasha Readings innebär att en vägledare använder sin intuition eller mediala förmåga för att få kontakt med den information som finns i Akashi biblioteket. Denna information kan användas för att ge svar på livsfrågor, förstå själsliga mönster och blockeringar, och erbjuda vägledning om nuvarande och framtida livsbeslut.

 Akasha ses ofta som ett slags eteriskt arkiv där varje individ har sitt eget "register" som innehåller information om deras livsresa.

Det sägs vara en levande energimässigt tillgänglig källa som kan hämtas via meditation, andlig praktik eller genom vägledare som har förmågan att få kontakt med dessa rekords.

En person som har tillgång till biblioteket, som exempelvis en andlig vägledare, kan "läsa" dessa arkiv för att få insikter om en individs liv och ge vägledning.

Akasha sägs innehålla information om en individs själsliga erfarenheter genom tidigare liv, vilket kan förklara varför vissa mönster eller teman upprepas i det nuvarande livet.

Information om nuvarande omständigheter, relationer, utmaningar och syften finns också lagrad. Detta kan ge insikter om varför en person möter vissa situationer och hur de kan hantera dem.

Enligt vissa tolkningar innehåller Akasha inte bara information om det förflutna och nuet, utan också om möjligheter och vägval för framtiden, baserat på individens nuvarande väg och själsliga utveckling.

Akashi biblioteket tros också innehålla information om mänsklighetens kollektiva historia och andliga utveckling, vilket ger en större kontext för individuella livsresor.

De som arbetar med Akashi biblioteket kan få tillgång till dessa genom djup meditation, andliga praktiker eller genom en guide som har förmågan att "öppna" rekords och läsa informationen.

Med hjälp av att få information från Akashi biblioteket kan man hjälpa individer att navigera genom Akashi biblioteket för att få insikter om sina liv, förhållanden och andliga utveckling.

Syftet med att få tillgång till Akashi biblioteket är inte bara att få veta om sitt förflutna eller framtid, utan också att få hjälp med personlig och andlig utveckling.

Genom att förstå sina tidigare liv och de mönster som kanske återkommer, kan en person få klarhet och vägledning för att göra medvetna val i sitt nuvarande liv.

Det ses också som ett verktyg för självläkning, eftersom det ger möjlighet att bearbeta och läka gamla sår och blockeringar som påverkar ens nuvarande liv.

Tips på att öppna sin Akashi krönika

Den som ger vägledningen kommer ofta att använda en ceremoniell process för att "öppna" Akashi records, ibland med hjälp av meditation, böner eller särskilda ritualer.

Det handlar om att få kontakt med den universella informationen om en individ.

Den som söker vägledning ställer ofta specifika frågor eller har intentioner om områden i sitt liv som de vill ha klarhet om, såsom relationer, karriär, hälsa eller andlig utveckling. Målet är att få insikter om personens själsresa och de mönster de bär på.

Vägledaren får ofta symboler, känslor, bilder eller meddelanden från Akashi rekords som hjälper till att belysa det frågande ämnet. Detta kan handla om att förstå varför vissa mönster upprepas i livet, hur man kan läka från gamla sår, eller få vägledning för framtida beslut.

Akasha Readings kan också hjälpa till med helande genom att avslöja och förstå negativa mönster eller blockeringar som kan finnas på både medveten och undermedveten nivå. Att få insikter om dessa kan hjälpa till att bearbeta och transformera dessa energier.

Att få kontakt med Akashi rekords kan ge en djupare förståelse av ens själ och livsresa, inklusive tidigare liv eller förflutna erfarenheter som påverkar det nuvarande livet.

Dessa läsningar ger vägledning om framtida val och beslut, och kan hjälpa till att lösa inre konflikter och förvirring.

Genom att avslöja gamla mönster och blockeringar ger Akasha Readings möjlighet till själslig läkning och andlig personlig utveckling.

Initieringar.

Initieringar är en viktig del i vår andliga utveckling och i att återta vår kraft. När vi utvecklas andligt så kommer vi till punkter då vi behöver förstå att vi går igenom en utveckling och en process som tar oss från en medvetandenivå till en ny nivå av medvetande. För mig har initieringar kommit som en naturlig del i den andliga utvecklingen och när jag tittar tillbaka kan jag se olika prövningar som lett till initieringar. Ofta föregås våra initieringar av att vi stöter på "motstånd" på vår andliga utvecklingsväg. Det är viktigt att förstå att dessa motstånd kan vara hinder som vi valt att komma över innan vi föddes för att övervinna dem.

Andliga initieringar finns i många traditioner, och de kan vara både personliga och gemenskapsbaserade, och de har som syfte att stödja individens andliga tillväxt och transformation.

En andlig initiering är en ceremoniell och symbolisk handling som markerar en individs övergång till ett nytt stadie av medvetenhet eller andlig utveckling. Det handlar om att bli en del av ett större andligt sammanhang, få tillgång till djupare insikter, och ofta att ta ett ansvar för att leva enligt vissa andliga värderingar eller principer.

I ritualer och traditioner

så kan Initiering syfta på en ceremoni som markerar övergången från en fas av livet till en annan, som när en ung person genomgår en ritual för att bli erkänd som vuxen eller medlem i en viss grupp (t.ex. i vissa andliga/religiösa eller kulturella sammanhang).

Initieringar enligt Maria Magdalena

*Under denna intensiva tid tillsammans med guidning från
Maria Magdalena kommer budskap om att skriva denna boken,
Det kommer även budskap om att hålla Prästinna av reslinjen
utbildning.*

*Jag förstår att boken ska handla om att vara Maria Magdalena,
de kanaliserade budskapen, min egna resa och att ge information
och redskap om hur vi kan återta vår kraft som vi blivit berövade
genom historien.*

*Hon visar att vi är graalbärare. Att vi bär en "osynlig' (för
ögat) graal inom oss*

*Att tiden har kommit för att vi ska rensa ut smolken från gralen
och läka sprickorna i spegeln för att bära och ta emot och den
gudomliga kärlekskraften och sprida den ut i jordens energi-nät.*

Detta faktum utmanar mig verkligen på olika plan.

*Det är många frågor och funderingar som kommer upp inom
mig och när jag förstår vad boken ska handla om behöver jag
även veta vad prästinna utbildningen ska handla om.*

*En av alla frågor som jag ställer till Maria Magdalena är om
vad man behöver lära sig om för att bli hennes prästinna.*

Maria Magdalena visar mig bilder och jag hör för mitt inre att hon prata om olika steg och "initieringar"

Jag ser först ett trappsteg och så ser jag att det ligger ormar nedanför trappsteget.

Att ormarna är symboliskt för olika saker.

Ormarna symboliserar rädsla.

Det symboliserar transformation.

Det symboliserar läkning.

Och det symboliserar sexualitet och kundalinikraft.

Ormen symboliserar själens odödlighet över materia, men också död och på nytt födelse.

Jag förstår att detta är den första initieringen som handlar om att släppa taget om och att transformera rädslor för att läka och helas.

Hon visar att man går upp för det första steget för att sedan gå upp för det andra steget.

Hon visar att det andra steget är som glas eller som is.

Att det finns sprickor i trappsteget.

Känslan är att man inte vet om man kan gå eller stå på det trappsteget, kanske spricker det och går sönder och kanske ramlar man om man ställer sig där.

Maria Magdalena visar att man behöver laga/hela sprickorna, för att kunna ställa sig där.

Det man behöver laga/hela kan exempelvis vara sprickor som orsakats från tidigare inkarnationer.

Det kan vara sprickor som orsakats från tidigare generationer.

Hon visar att sprickorna symboliserar en känsla av att vara separerad ifrån helheten eller enheten.

Att vara separerad från det gudomliga och att vara ensam.

 Det handlar framförallt om att läka känslor som är kopplade med känslor av att vara utsatt.

Att sprickorna är symboliskt för separation, utsatthet och att vara i ett utanförskap.

Att det kan vara något som vi har ärvt i våra cellminnen, från tidigare liv och från tidigare generationer och för att man ska kunna integrera enhetsmedvetandet och kärleken från det högre gudomliga planet ner på jorden, behöver man läka sprickorna.

Detta är den andra initieringen som handlar om att läka/hela känslor av separation och utsatthet.

Maria Magdalena visar ytterligare ett till steg, ett tredje steg.

Detta tredje steget är mörkt. Det är svårt att se det tredje steget.

Man vet inte riktigt om det är ett steg som finns där, eller att man ska trampa ut i tomma intet.

Att man inte riktigt vet var man ska trampa för att det är mörkt.

Det här handlar om att kunna gå in i mörkret och att lära sig att se i mörkret på de mörkare ställena inom sig själv.

Inte bara med sig själv, utan med jorden och med världen och med det som pågår runt omkring oss.

Att det är viktigt att vi tittar in i mörkret.

Detta för att få förståelse för vad som är våra skuggsidor.

Det handlar om att läka de delar som varit i mörker som vi inte ens har vetat om och som vi inte har sett och som också gör att vi drar mörkret med oss utan att vi vet om det själva.

Det handlar om att släppa mörkret och att ännu mer kunna ta emot kärlekskraften från ett högre plan i gralen, i bägaren och att släppa ut mörka delar, mörka energier, mörka krafter eller att bara att se vad mörkret handlar om.

Man kan säga att det är skuggsidor i oss själva som vi har svårt att se i oss själva.

Att det är en del i att vår egen spegelbild blir förvrängd, förvriden.

Detta är en del av sprickan i spegeln inuti gralen.

Hon visar att vi inte kan se oss själva, de punkterna i oss själva som kanske andra kan se, men vi kan själva inte se dem.

Det är detta som hindrar oss i vår evolution, i vår utveckling, i vår andliga utveckling och hälsa.

Denna initiering handlar om att våga gå in i mörkret och att ta reda på vad mörkret är för någonting fastän att man är rädd.

Det handlar om att ha ett mod men också att våga och sedan släppa taget om det för att istället fylla med det gudomliga ljuset och kärlekskraften.

Detta är den tredje initieringen som handlar om att läka skuggsidor.

Under tiden då jag skriver denna boken går jag igenom olika händelser inom mig själv, jag stöts och blöts och frågan om vilka initieringar jag själv gått igenom kommer upp som en av alla frågor inom mig.

Jag ställer frågan till Maria Magdalena och det himmelska rådet och svaret kommer här:

Du har arbetat med rädslan för att vara fullt ut i den feminina kraften.

Detta har också med intuition och med de mer mjukare värdena i livet att göra, att lita på det inre seendet.

Jag ser för mitt inre att jag har haft en rädsla när jag var yngre för detta som jag själv såg och upplevde.

Jag fick ingen bekräftelse eller gehör, utan tvärtom.

Att jag blev bemött med att det var jag som hade livlig fantasi.

Att jag fått arbeta mycket med att lita på mig själv och min intuition.

Sedan kommer bilder som handlar om att sätta gränser ut till andra människor och att våga sätta de gränserna.

Att kunna stå i min kraft.

Att inte ge bort min kraft.

Att inte låta andra ta min kraft utan hur jag kan behålla kraften för mig själv.

Det handlar om gränser och att stå upp för mig själv i olika sammanhang och säga nej eller säga min åsikt fullt ut.

Detta är kopplat med tidigare liv, olika tidigare liv, men även tidigare generationer. Jag har behövt arbeta med dessa händelser från olika punkter i min historia för att släppa rädslor.

Det är händelser som färgat mig från min barndom, det fanns rädslor för att bli övergiven och att tvingas lämna dem jag älskar.

Jag ser slutligen en tredje initiering,

Det är en rädsla för mörker och för mina egna skuggor. Att förstå mina egna skuggsidor.

I detta sammanhanget ser jag när jag går utbildningen till Avalonprästinna och till drakryttare i England

Under denna perioden är det mycket olika saker som jag behöver arbeta med för att känna mig helare och för att se mina skuggsidor

 Bland annat var det rädslan för att ta plats, rädslan för att vara för mycket.

Att jag konfronteras med att veta från mitt högre jag att jag ska ta min plats, samtidigt som jag visste att det fanns en undermedveten rädsla för detta. Jag visste att jag hade förmågor och mästerskap med mig som jag skulle dela till andra för att hjälpa andra att stå upp i sitt ljus och i sin kraft.

Att jag inte tillåtit mig själv att ta för mycket plats och att jag holt tillbaka mig själv för att det fanns en rädsla, både från tidigare liv där jag bland annat blivit avrättad.

Tidigare liv där jag blev torterad som katar och flera andra liv där jag blivit dömd, bränd och dödad för mina förmågor

Jag bar med mig rädslan in i mitt nuvarande liv om att bli utesluten om jag förhäver mig själv.

Jag ser livet när inkvisitionen ville ta det heligaste från Katarerna och att i det livet stod jag på mig att inte delge information som var viktig och att hålla det gömd för att det inte skulle missbrukas.

Att jag hade avgett ett löfte till mig själv att aldrig delge informationen och att det påverkat mig i detta livet då har hållit tillbaka mig själv.

Det har handlat om att inte synas för mycket, inte höras för mycket. För att det inte skulle ske igen.

Jag ser min rädsla om att det ska hända barnen något hemskt vilket kom från livet som Katar där de tog barnen ifrån oss.

Därifrån kom även känslan av att inte vilja bli bestämd över och att ingen skulle få bestämma över mig.

Att jag har haft en sån oerhörd motvilja kring det.

Nu kunde jag se kopplingar rent fysiskt i kroppen som jag har haft problem med, (bland annat tallkottkörteln som de som tillhörde inkvisitionen till slut tog ut från mitt huvud för att äta upp, för att ta kraften.) men också de känslomässiga förbindelserna som påverkat mig starkt in i mitt nuvarande liv.

Att jag behövde ta tillbaka delar av mig själv från det livet för att bli helare.

Att resorna som jag gjort under åren till Glastonbury och nu senast Frankrike och Maria Magdalenas grotta gett mig möjlighet att komma i kontakt med cellminnen som jag behövde hela och läka.

Att jag själv regisserat allt detta från mitt högre jag och Akashi bibliotek, för att till slut återta min kraft och för att återta puzzelbitar för att komma vidare med mig själv i min andliga utveckling.

Jag har sett detta mirakel ske så många gånger både med mig själv och de människor som följt med på resorna.

Cirkeln med resan med att återta min kraft slöts och en ny cirkel tog sin början.

Den nya cirkeln var roscirkeln från Maria Magdalena.

Budskap från Maria Magdalena

Budskap om kärleken

Du bär fröet till Kristusmedvetandet inne i din själ och i ditt hjärta. Det är den heliga föreningen i villkorslös kärlek mellan mig Maria Magdalena och Kristus.

Detta frö som du har burit med dig genom inkarnationer.

Ge nu näring till det.

Ge av din villkorslösa kärlek till det.

Ty det har väntat med tålamod att få lov att gro.

Det har väntat genom historien att äntligen få lov att växa.

Att du nu står framför dig själv och din vackra själ för att se hela dig med kärlekens ögon

Och låta din inre kvinna och man få lova att förenas till ett. En enhet som varit åtskilda genom tiden.

Att den gyllene flamman nu åter ska brinna för kärlekens kraft i dig och på jorden.

Att kärleken är ledstjärnan och ordet som nu visar vägen till en gyllene framtid som väntar.

Jag är Maria Magdalena som kommer med budskap om kärlekens kraft för en ny jord.

Budskap från Maria Magdalena

Kärlekens kraft

Tiden är nu här.

Tiden är nu mogen.

Att öppna era hjärtan för att ta emot de finaste strålarna av den renaste kärleken av guld till er själva och er heliga graal.

Att våga öppna, att vara modiga och att se för att läka såren från tidigare liv och tidigare generationer.

Dessa sår som ni burit med er i 100 tals och 1000 tals år.

Ta emot min heliga olja och låt den heliga rosens kraft gå igenom de lager som lagt sig ovanför era hjärtan.

Låt rosens kraft omfamna er i villkorslös kärlek.

Andas in dess doft och låt er guidas in i den himmelska sfären.

Låt er lyftas till en ny nivå av självkärlek.

Låt ljuset strömma in och låt dess kraft få väcka era slumrande själar.

Detta så att ni kan se era förmågor och er eviga kärlekskraft i det nya ljus av feminin visdom som nu strömmar till er.

Jag är Maria Magdalena som kommer med löfte om kärlekens kraft som är sprungen ur källan där visdom, villkorslös kärlek och en högre medvetenhet är grunden till existens för allt liv.

Detta för att ni nu tillsammans kan skapa himlen på jorden.

Budskap från Maria Magdalena

Rosens kraft

Ta emot rosen och rosens kraft till ditt hjärta och hjärtchakra.

Ta emot rosens vibrationer och dess högre gudomliga kraft för att ge stöd till dig på din resa genom din andliga utveckling.

Andas in rosens kraft.

Andas in kärleken och ljuset.

Kraften och ljuset som strömmar från rosens själ till dig när du andas in dess kraft och heliga doft.

Jag är Maria Magdalena som finns vid er sida och som överräcker rosens kraft som en påminnelse om era odödliga själar.

En påminnelse om att ni alla bär på kraften av rosen i era hjärtan.

Rosen som är den högsta symbolen för kärleken och kärlekens kraft.

Att kraften från rosen hjälper dig att hela sår och smärta.

Byt ut era sorger och det som har skadat er i er feminina kraft.

Ersätt med vibrationer och kraft från den gudomliga
rosen.

Ta emot rosens kraft från mitt hjärta och mina händer och
låt dess kraft få lov att sjunka in i ditt energifält och in på
djupet av dina celler och cellminnen.

Du är kärleken.

Du är fröet och knoppen där det nya kan växa och få lov
att blomstra.

Jag är Maria Magdalena som kommer med budskap om
kärleken och dess helande kraft.

Budskap från Kristus

Kärlek och förlåtelse

Lägg handen på ditt hjärta och känn hjärtats slag.

Blunda och ta emot kärleken och förlåtelsens kraft.

Låt dig själv hållas i frid så att mirakel kan ske, när du tillåter förlåtelse och kärlek ta plats i ditt hjärta.

Du kan sedan låta det spridas ut från ditt hjärta till dig själv, dina känslor, dina tankar och din fysiska kropp.

Jag är Jesus Kristus som kommer med påminnelse om ert egna kristusmedvetna och kraft.

Att när ni öppnar hjärtat och tar emot dessa himmelska strålar av kärlek och förlåtelse så sker mirakel gång på gång.

Släpp rädsla, släpp oro.

Släpp de känslor som står i vägen för renhet och klarhet i din själskraft och styrka.

Ta emot mina helande händer och ord.

Ta emot från kärlekens källa.

Ty ditt rike finns i ditt hjärta.

Du bär på härligheten och evigheten inne i din själ.

Jag vandrar med er på er resa, för att väcka och för att påminna om att det ni söker finns inom er själva.

Jag är Jesus Kristus som leder er genom mörker till ljus från det gamla till det nya.

Budskap från Kristus

Jesus Kristus som Maria Magdalenas högra hand

Kristus skrattar och säger han att han var Maria
Magdalena största anhängare, största supporter och
största idol.

Han säger: Jag var hennes högra hand.

Det är som att han skrattar åt det, men samtidigt är han
allvarlig.

Han visar att kyrkan förvrängde det.

Att de förvrängde det så att vi skulle tro att det var han
och inte hon som var oraklet och helaren.

Han pekar sedan på graalen och på det spruckna glaset
inuti graalen.

Han säger: De fick er att tro någonting annat.

Han visar att det är kyrkan som fått oss att tro något annat
för att förminska den heliga feminina kraften.

Både för män och för kvinnor.

Det var inte bara för kvinnorna.

Utan även för männen.

Att genom att återta den heliga feminina kraften och integrera den feminina kraften inom oss och utom oss så tar vi tillbaka det som en gång tillhörde oss.

Budskap från Kristus om den nya tiden

Jag Jesus Kristus kommer med min brud Maria Magdalena till er.

Detta för att ni nu ska öppna förseglingen till ert hjärtas graal.

Koden är tillit, förlåtelse, självkärlek, överflöd och balans.

Utveckla er själva.

Utforska, läk och hela det som ni nu ska släppa taget om för att komma vidare i er uppstigning.

Gör det för er själva. Gör det för varandra.

Gör det för de lysande själar som nu föds till jorden.

Ni bär alla ljuset så starkt i era hjärtan.

Ni är ljusets systrar och brödar.

Bilda kedjor av ljus.

Bilda cirklar och ringar.

Sträck ut er över jordens yta.

Sammanlänka och sammanfläta er med varandra.

Tro på det som ni känner och vet i era hjärtan.

Rena er från rädslor som drar ner er lyskraft.

Låt era rötter komma djupare ner i jorden.

Sträck era grenar ut i universum.

Dra ner det himmelska ljuset.

Sug in eter från stjärnor och galaxer.

Minns vem ni är. Minns era ursprung.

Känn i era hjärtan och låt er själva stiga fram i skönhet,
kraft och mod.

Ta fram era gyllene svärd.

Låt rättvisans svärd få svingas.

Låt hederligheten, rättvisan och modet få visa vägen in

i den nya världen som ni drömmer om.

Slutord

Jag vandrar in i den heliga trädgården.

Det ligger rosor och rosenblad på stigen som leder mig till den heliga källan.

På vägen till källan kommer jag till en plats där jag får en vit klänning på mig.

Maria Magdalena möter mig vid källan och tar mig i sin famn.

Hennes kärlek strålar från hennes hjärta till mitt hjärta.

Jag berörs på djupet och känner mig rörd.

Jag lindas in i ett vitt tyg och sänks sedan sakta ner i källan.

Jag hör en röst som säger: du är nu invigd i Maria Magdalenas mysterier.

Det är vägen för skönhet och gudomlig kärlek. När hjärtat vaknar i rosens kraft så vaknar de mystiska sanningarna inifrån.

Jag känner det kalla vattnet från källan och dess livgivande förnyande kraft och hissas sedan upp igen.

Maria Magdalena ger mig en mantel med rosor.

Hon sätter en krans av rosor på mitt hår och huvud.

Hon säger:

Öppna dig nu ännu mer för den högre källan av gudomlig kärlek och låt det strömma från mig genom dig och vidare ut till de som är redo att ta emot.

De som är redo att ta emot, tar också emot rosens kraft som väcker mystiken kraft på djupet i hjärtat där sanningen vakar och vaknar.

Jag är Maria Magdalena som kommer med löfte om kärlekens helande flamma och att föra graalens kraft och gåta i ut i världen med den nya tidens kristusljus.

Med dessa ord från Maria Magdalena avslutar jag boken
Maria Magdalena och den spruckna spegeln.

Jag sluter mina ögon en stund och ser för mitt inre ett hav
av ljus, rosenblad och hjärtan som sammankopplas med
Kristusenergin och Maria Magdalenas energi för att
blomma ut i den nya tiden.

Jag ser hur energin av kärlekens kraft sprids på jorden och
att det påverkar oss att växa med kärlek till oss själva,
varandra och jorden och att kärlek är kraften som
övervinner mörkret.

Jag ser hur vi tillsammans skapar den nya jorden för fred,
kärlek och frihet.

Blessed be.

All kärlek

Helena Öhrström

.

Om du vill du veta mer om Helena Öhrströms arbete
och delta på kurser och sammankomster så finner du
mer av hennes arbete på:

Avalonskolan.se

Patreon: Maria Magdalenas rostempel

Patreon: Avalonsmysterieskola

Facebook: Helena Öhrström

Facebook: Himmelska rådet

Instagram: avalonskolan

Youtube: avalonskolan

Toiveesta toiveeseen

Marko Toivo

Toiveesta toiveeseen

Kustantaja: BoD – Books on Demand, Helsinki, Suomi
Valmistaja: BoD – Books on Demand, Norderstedt, Saksa

ISBN: 978-952-330-715-5

Päämäärätön

Kävelen vailla päämäärää

en tiedä
mitä etsin

etsinkö sinua
itseäni
rakkautta
pimeyttä
etsinkö mitään
sitä en tiedä

tietääkö kukaan

joskus sitä vain vaeltaa
vailla päämäärää

hämärässä

Säveliä rakkauden

Kirjoitin säveliä rakkauden
piilotin ne
sydämeni pöytälaatikkoon

vain sinä voit
saada ne piilosta

sävelillä rakkauden

Tunnerikas

Hukkaat herkkyytesi tunteisiin
turhautuneisiin

anna virran viedä
kyyneleiden soutaa
rakkaus pois omansa noutaa

päästä sielusi ammolleen
tunteet valloilleen

sydämesi lämmin herkkä
liian herkkä hukattavaksi
kiveen hakattavaksi

tunnerikas

Rakkauslaulu

Silmäni itkevät
kaihoisasti hyräilen

alakuloisen miehen
rakkauslaulua

Unessa

Auringonlaskun aikaan
sinä ja minä

huulet hellästi hyväillen
sydämet sykkien
rakastellen

uskomaton retki
oli tämä hetki

heräsin
ymmärtäen

ei tuollaista ole
olemassakaan

Hymy

Sydäntä lämmitti
pilkahdus aidosta hymystä

sinulla

herkkä

Mitä takana

Mietin illan aikana
useampaan otteeseen
mitä kauniin hymysi
takana piileksii

toisaalta

ei sillä ollut väliä

pelkästään hymysi
sai minutkin hymyilemään

Pikkulintu

Katsoit kuin
pikkulintu

hymylläsi lensit
halki pilvien

maailmaa vietellen

Hämmentynyt

Pilviverhon takaa
tähti
jos toinenkin
hymyili

hymyilit sinäkin
tuikkivat silmäsi

valaisten
mieleni

niin hyvältä
kuin tuntuikin

seistä
edessäsi

en kuitenkaan
löytänyt
sanoja

joita olisin
tarvinnut

jotka olisin
halunnut sanoa

olin vain
niin hämmentynyt

kauneudestasi

Kuiskaus

Herkkä kuiskaus
silmilläsi

syvä huokaus
sielussani

Oliko se unta

Sinua unessa huutelin
tulit ja suudeltiin
toisiamme myös hyväiltiin
onneamme myhäiltiin

heräsin

mietin oliko se
vain unta
vai jotain suurta
kenties rakkautta

Pullon syövereissä

Pullon korkkasin
ulos kurkkasin
ei, ei näkynyt
sinua
voi raukka
minua

ehkä tulet
tulen
sytytän pesään
odotan
vain
sinua

pullo tyhjä

et

tullut

Hehkuvaa

Pilvien välistä
aurinko hymyili

se lämpö
ja valo

mikä siitä hehkui
toi mieleeni sinut

hymysi
sädehtivät silmäsi

huokaisin syvään
enkä saanut enää
sinua pois mielestäni

en edes halunnut
minua vain hymyilytti

Rakkauden kuviin

Mietin kuinka ihanaa
olisi ottaa
sinut
syliin

suudella ja keinuttaa
uniin
rakkauden kuviin

Kutsuvat

Istuin
seisoit edessäni
juteltiin

yhdessä vaiheessa tajusin
katsovani vain huuliasi

enkä enää kuullut
mitä puhuit

katsoin vain niitä
miten ne kutsuivat

miten huuleni
niitä halusivat

suudella
vain suudella
tahdoin sinua

Yksi yö

Ajatuskin siitä
että saisin viettää

edes sen
yhden yön

kanssasi

sulautua vartalosi
kaariin

antaisin intohimon
viedä

se ajatus
todella

saa minut
sekaisin

Tunnethan

Tunnethan sen

tuulella sinua suutelen
hellästi silittelen

kaukana ikävääni lievittelen

Katseeni on

Katseeni
valossa liekehtivässä
tunnelman luojassa
ystävien seurassa

silti ajatukseni
karkaavat kuitenkin
toisaalle

sinuun

kanssasi tämä hetki
olisi täydellinen

ja vaikka oletkin nyt
toisaalla

on minun
hyvä olla

ikävästä huolimatta

Yhden kerran

Pelkkä ajatuskin siitä
että tulisit
luokseni

sen ensimmäisen
ja viimeisen
kerran

annettaisiin vielä
sydämet
sielut

toisillemme

se ajatus
se saa minut

elämään

Silmillä

Silmillä
olemme rakastelleet

toisiamme
jo pitkään

enää se
ei riitä

haluamme
enemmän

on kyse
enää vain

ja vain
siitä

koska se
tapahtuu

annamme
tunteille vallan

ja rakastelemme

auringonnousuun

Moottoriturpa

Minä
ja suuri suuni

liikaa puhuin
ja liian suoraan taas

opinkohan koskaan

tuskin

sydämeni vain pistää
suuni puhumaan

toisaalta
onko se väärin

Ikävä

Silmäni ikävöi
katsettasi

huuleni ikävöi
suudelmiasi

käteni ikävöi
lämpöäsi

sylini ikävöi
läheisyyttäsi

sydämeni haluaa
rakkautesi

Siellä sinä

Pilvet hiljaa liikkuu
sinessä kiikkuu

valkosiipien hiljainen
paratiisi

siellä sinutkin viimein nään
ehkä myös viereeni vihdoin jäät

Eilen kävelin

Kävelin
alla ukkospilvien
hymyillen

valojen tanssissa
näin vain
kasvosi kauniit

ei mikään
häirinnyt

minä vain
hymyilin

Kostea suudelma

Hyväilit kasvojani suudelmilla
valkean raikkailla
kosteilla

hiutaleet ja valkea maa
taas ihmeitä aikaan saa

lumisade
kostean suudelman lähde

Hiljaa

Ollaan vain
ihan kahdestaan

ei lausuta enää
sanaakaan

sydämien tahdissa
rakastutaan

Hullu

En ole nukkunut
moneen päivään
vain kukkunut

tuntunut välillä
että hukkunut
ajatuksiin moniin
salaisiin
mutta rakkaisiin

olen kuuhullu
hullu ehkä muutenkin
mutta en pullosta tullut
kuten toisinaan sanotaan

olen vain
rakastunut
siksi olen kaikkia noita
joita edellä oli

rakkaus ihanaa
kohde jotain
vielä ihanampaa

Sanaton

Ehkä pelkään
että päätyy metsään
tämäkin

kuten yleensä
likipitäen kaikki
johon kosken

on minulla kuitenkin
vahva ajatus
kuva sinusta
meistä

en vain löydä sanoja
juuri nyt

niitä oikeita

Punastuen

Hellästi
poskeasi silitin
suudelmalla huuliasi
hipaisin

rakastuen
sydän punastuen

Hetki kanssasi

Kasvojasi silitin
silmiäsi ihailin

huuliasi kutitin
hellästi hyväilin

sydäntäsi halailin

rakastuin

Kyyneleet

Herkät
ja koskettavan kauniit
kyyneleesi

kertovat enemmän
kuin mikään
mitään tunteistasi

niin kauniisti
niillä puhut

suoraan sydämestäsi
sydämeeni

Rannalla

Meri
auringon jo
syleilyynsä ottaa

me
rannalla

toiveissa suudelma
unelmana tulevaisuus

kanssasi
rakkaani

Piano

Miten lämmittääkään
sydäntäni

piano
rakkauslaulu

ja etenkin se
miten siitä nautit

Kauneutesi

Näen kauneutesi

myös sen
piilossa olevan

ja siksi
sydämeni
vain hymyilee

Unelmien kuva

Herkkä katseesi liikutti
tunteisiin kiikutti

sinä

veit minut unelmien uniin
rakkauden kuviin

Siinä sinä

Kaunis kuin rakkauslaulu

sinä
siinä kesäisessä mekossa

sädehdit kuin siivet perhosen

siinä
sinä silmissäni liidät

rakas maisema ja henkäys olet

sinä
siinä edessäni

Paratiisini

Kauniin herkkä
kuin kukka kaunehin

suloisen siro
kuin perhonen niityllä

sinä
liidät sydämessäni

Ongelma

Runominällä
joka on rakastunut syvästi
kaikista kaikkein kauneimpaan

on ongelma
en löydä enää
sanoja

tarpeeksi kauniita

jotka tekisivät oikeutta
ainutlaatuiselle kauneudellesi

Kaunista

Näin kuvan kaunista historiaa

hurmaavia aaltoja
silmät säteilevän enkelin
ujohko hymyn pilke
ruusu

näin sinut tänään

rakastuin taas uudestaan

miten oletkaan
kaunista

Tule

Aivan liian kauan on siitä
kun tunsin
rakastavan kosketuksesi
tuoksusi

ei auta tähdet
ikävään
ei edes kirjeet

tulethan pian

tulethan

Kukkamekossa

Kukkakedolla kauniita
kesän värejä

värejä rakkauden

siellä sinäkin
kukkamekossa

seassa rakkauden

Tiesimme

Katselimme toisiamme silmiin

huokailimme
hymyilimme
tiesimme

rakastamme toisiamme

Taianomaista

Eilinen
oli ikimuistoinen
kanssasi

täydellistä

se lämpö
tunnelma
jonka yhdessä loimme

se oli
taianomaista

Pilvissä

En tiedä
millaista on
leijua pilvissä

mutta sen tiedän
että rakastelu
kanssasi
on juuri sitä

ellei jopa
vielä enemmän

Sinä

Auringonnousu
päivänvalo
auringonlasku

näitä olen
kaikki nämä vuodet
etsinyt

taisin vihdoin
löytää
kaikki nämä

sinut

Elämä on ihanaa

Joskus sitä
vain naurattaa
kun elämä on
niin ihanaa

täynnä mahdollisuuksia
ei kannata siis
murehtia turhuuksia

sinäkin siinä
aamukahvilla söpönä
minä sinuun
ihan höpönä

tarttukaa siis
niihin
ja rakastukaa

Tunnelmaa

Kaksin autossa
ikkunat huurussa
muistoja luomassa
kuutamon valaistessa

ainutlaatuista tunnelmaa

Yön retkiä

Nämä on niitä
yön retkiä
hetkiä
herkkiä

kanssasi suudelmin
sarastukseen

Olet kaukana

Olet kaukana
vaikeaa on ilman sinua

ikävä on silmiesi hymyä
huuliesi lämpöä

tulethan taas pian
rakas

Kesällä

Paikka
jossa kukkii
vain rakkaus
ja romantiikka

sinne
sinut vien
kun kesä
on kauneimmillaan

rakastan sinua

Leijun

Poskeasi hipaisen
huuliasi hellästi hyväilen

leijun
keijun lailla pilviin

suudelma täydellinen

Sekaisin

Punastun usein
jo pelkästään siitä
kun ajattelen
sinua

mutta kun tulet
oikeasti lähelle
iholle

en aina tiedä
miten päin olisin
kun herätät
kaikki aistini

ja saat minut
onnesta
intohimosta
sekaisin

Pilvessä

Rakastan sinua niin
että voisin
pudota taivaaseen

aistia siellä
syksyn kauneutta

leijua kuin lehti

katsella
rakastella

rakkauden pilvellä

Mielessäni

Sinua mietin
mietin vain

pois mielestäni
en saa

en edes halua

olet jotain enemmän
paljon enemmän

sinua rakastan

Kuutamon valossa

Sinä yhtenä iltana
me ollaan vaan
tähtitaivasta ihastellaan

ja kuutamon valossa rakastellaan
sarastukseen asti

Lähteellä

Retkellä
syvällä sydämessäni

siellä rakkauden lähteellä

sieltä löydän
vahvana

vain sinut

Hyvää yötä

Kuunvalossa
tähtien loistossa
kohti yötä

halauksin silittelen
suudelmin peittelen
uniin kuiskailen

hyvää yötä jo nautiskelet

Sielut lemmessä

Veit minua tuoksullasi
viettelit silmilläsi

värähtelivät sydämemme

rakastelivat sielumme

Pilvilinnoja

Käsillä hyväilen kaariasi
huulien vietellessä
jo huuliasi

otan sinut syliini
nostan pilviin

linnoihin
keskelle rakkautta

tästä tilasta
pois en halua

rakastan sinua

Rakastuneena

Rakastuneena huulillasi
aaltona ihollasi
toisiimme sulautuneena

läpi yön
auringon nousuun

Vuodenaikani

Olet keväinen aurinko
sokaiset säteilläsi sädehtien

olet kuuma
kuin helteisen kostea kesäyö

olet täynnä yllätyksiä
eri sävyjä
kuin syksyinen luonto

olet talvella tuki ja turva
tähti
johon käpertyä

en ihmettele
miksi rakastan sinua

Aurinko

Hymysi
silmäsi

kauniimpana
kirkkaampana
kuin aurinko

täynnä rakkautta
elämäniloa

ja minä
saan nauttia
kaikesta tuosta
sinusta

elämäni rakkaudesta

Huulesi

Huulesi huutavat
suutelemaan

himokkaasti kutsuvat

ne haluavat
minun

rikki suutelevan
sinun

huulesi

Lähde

Jos minua
rakastat

kuten olet sanonut
antanut ymmärtää

näytä minulle
taivas ja tähdet

se
rakkautesi lähde

Mennään yhdessä

Ethän pelkää
jatkaa
matkaa kanssani

vaikka pahalta tuntuu
juuri nyt
likipitäen kaikki

tartu käteeni
mennään kohti aurinkoa

yhdessä

Ei ymmärrä

Oikeat
silti väärät

aina ei vain ymmärrä
elämää

vielä vähemmän
rakkautta

Julmaa

Kun sinut tapasin
tiesin että se olisit sinä

sinua vain rakastaisin
kaikkeni antaisin

sinua vain en saa

elämä on julmaa
rakkaus vielä julmempaa

Kyyhky

Valkea maa kimmeltää
auringonsäteistä kultaisista

taivas kauniin sininen
siellä täällä pumpulia

sydämessäni tuikku
luo valoa rakkauden

hymy sädehtii
auringon kanssa

sinestä kyyhky lähestyy
olkapäälle laskeutuu

sanoman tuo
poistuu horisonttiin

taivas pimenee

viestin jätit
hyvästit

sammutit tuon
rakkauden tuikun

Muutosten tuuli

Pakkasiltana tuuli tuli tupaan
kysymättä lupaa

hyistä viimaa
rakkauden piinaa

toiset lähti
toiset jäi

muutti tuuli suunnan
monen elämän

ilta
joka ei koskaan unohdu

Romutettu haave

Piilotti aurinko loisteensa
tummien pilvien suojaan

puukotti salamoilla selkään

romutti haaveen

Kylmää

Tähdet yössä
pakkanen työssä
sydän jäässä

rakkaus poissa

Kulissit

Ei ole sydämellä mitään väliä
raiskataan sielukin

kunhan kaikki näyttää hyvälle
muiden silmissä

kulissit, pintapaska
nykymaailman rakkautta

minussa on varmaan sitten
jotain outoa vikaa

en näet ymmärrä tuollaista
en alkuunkaan

eikä minun tarvitse

jätän sen niille
ketkä siitä rakkautensa saa

Loukattu

Tämän kaiken keskellä
tunteitani loukattiin

se ei vain
kiinnosta ketään

tärkeintähän oli
että pääsette
kuin koira veräjästä

taisinpa olla vielä
se ainoa
täysin rehellinen

loukkaamisella ei ole
mitään rajaa

Arpi

Pimeydessä kuljen
vain kuun valaistessa
tietä tummaa
kohti kotia

kotia
jota ei ole enää

usko, luotto mennyt
moneen
rakkaaseen

moni petti
arvet jätti

peilissä arpi

On aika

Pakkanen särkyneissä laseissa
aika jättänyt jälkensä

vain viima käy kylässä
tässä hiljaisuuden kuvassa

lepää rauhassa
on aika lähteä

Tumma valssi

Jäävalssi sydäntä tahdittaa

sielu petetty
arvet jätetty

tuska luo maisemaa tummaa

Ulkona maisema kortista

Kylmyys vangitsee yksinäisen kulkijan

petetty, jätetty, hylätty

usko, toivo, rakkaus

tunteet ja kylmäpäisyys kohtasivat
keskenään rakastelivat

tuhoa kylvivät
kaiken rikkoivat

ulkona maisema kortista

Lumiukko

Tunteet pinnassa
kyynel silmässä

ystävyys
rakkaus
musiikkia sydämelle

lumiukko

Usko koetuksella

En enää tiedä kehen uskoa

väsyttääkin liikaa
ei osaa enää edes nukkua

pääkin hukkuu
ajatuksiin

käyn ylikierroksilla
kroppa huutaa lepoa

ei vaan voi pysähtyä

ennen kuin soppa on syöty
ja voin alle katsottu

Paha olo

Paha olo tahtoo
ulos minusta

ei vaan löydä
avointa ovea

suljettuna kaikki

kunpa olisi
edes se yksi
mistä kurkistaa voisi
toiselle puolelle

ja tuntisi sen
pienen pienen helpotuksen

Sydän voimaa antaa

Jälleen yksi päivä
heräilee
itseäni keräilen
pohjalta

sataa tuskaa

en ymmärrä vieläkään
miksi päätit
sen ainoan
aidon maailman

meidät

Outo olo

Se on
outo olo

kun se ainoa
täysin oikealta tuntunut

katoaa
elämästäsi

ja jäät
täysin yksin

se olo
sitä ei soisi

kenellekään

Tuskassa

Otan syliini
tämänkin yön
kyynelten täyttämän

tummien tunteiden paratiisin

annan sielun kärsiä
sydämen kitua
rakkaudessa mustassa
tuskassa

kärsitään kunnolla
ilman meikkiä
aidosti
joka hetki

kunnes aika
suo helpotuksen

Ovia

Monia

kovia

ovia

avataan

elämässä

Väsynyt

Minun pitäisi aina
olla se
joka kuuntelee
ymmärtää

mutta ketään
ei kiinnosta
kun minä
tarvitsen apua

miksi siis minäkään
enää ketään
kuuntelisin

en vain jaksa

Tunteeton

Jokin on minussa
kuollut
tai ainakin osin
tuhoutunut

en tunne
juuri mitään
ketään kohtaan

en edes välitä

Loppu

Kuiskaan hiljaa
tai huudan lujaa

et usko

usko
se oli tässä

Haaste

Annoit ja veit
niin paljon

samalla kertaa

miten sydän tyhjennetään
sitä joudun miettimään

syvällä olet
sydämessä

tarvitaan melkoiset
kiipeilyvälineet
selkärankaa
taidot

jotta sieltä pois
sinut saan

haasteen otan vastaan
voittajana selviän

ajan kanssa

Tuska

Laskee aurinko mailleen
päästää minut valloilleen

runoja kirjoitan
rakkaita

joskus vain kivikkoihin
haaksirikkoutuu
ajatus ja maailma

tuska

lyö aallot ylitse

Väärä laulu

En ymmärrä
miksi annan

vieläkin

sydämeni laulaa
sinulle

tuotan sillä
vain tuskaa
molemmille

etenkin itselle

Uniin jäit

Aamuyöstä itken

pelkkä ajatuskin
sinusta
saa ihoni väreilemään

sinua vain
ei ole enää

itken itseni uneen

siellä sinut tapaan
ja edes pienen lohdun saan

Veto pois

Ei riitä aika kellossa
tunnit vuorokaudessa
päivät viikossa
viikot vuodessa

on veto pois
takki tyhjä
kaikkeni annan
mikään ei riitä
et edes kiitä

palkkiona kaikesta
murskaus

ei auta vieterin veto
patterin vaihto
ei mikään
bensa on vain loppu

onneksi on eräs
rakas
ystävä
joka on enemmän
korostan enemmän
tärkeä

tosin ei hänkään taida ymmärtää
kuinka tärkeä

hänelle haluaisin kertoa
että olet tärkeä
ja enemmänkin
rakastan sinua

Virta

Viini punainen
vuolaana virtaa
särkyneeseen sydämeen
tunteet hukuttaen

edes hetkeksi

Sydämen piano

Pianostani sävel kaihoisa
ilmoille laulaa kaipuusta

menetetystä rakkaudesta aidosta
ainoasta oikeasta

hyvästi sydämet

rakkauden retki

Aika

Yksin pullonpohja
purkaa tuskaansa
minuun
sieluun yksinäiseen

se vain on
osa minua
juuri nyt

rakkaus
haave kaukainen

sen aika
tulee vielä

uskon

Vielä kerran

Kunpa olisit
koskenut minua

vielä kerran

olisin saanut tuntea
sen väreilyn ihollani

vielä kerran

et koskenut
vaikka niin halusit

ja vaikka minä halusin
enemmän kuin mitään

kiusaamme vain toisiamme
vieläpä ihan syyttä

haluamme samaa
et vain uskalla

valitettavasti

Monimutkainen

Toisinaan haluaisin luovuttaa
antaa periksi

tuntuu että kaikki
joista välitän, rakastan
kaikkien elämän vain tuhoan

mutta en voi
enkä osaa luopua

ei vain ole helppoa olla minä
erilainen
ehkä liian monimutkainen

kuitenkin on olemassa hänkin
joka ymmärtää minua
häntä en vain kiinni saa

rakkaat, rakkaus ja elämä
kaikki vaikeaa
vaikeasti ymmärrettävää
ehkei sitä kuulukaan ymmärtää

en vain saisi ketään rakastaa
olisi muilla silloin helpompaa

mutta olen minä
ja minulla on aidot
vahvat tunteet
enkä niistä pääse

minussa on kuitenkin se
rakkaus

Taas puhuin

Puhuin taas
ihan liikaa

sydämeni tuotti sanoja
joita en olisi halunnut
edes ääneen sanoa

miksi en
koskaan opi

olemaan vain hiljaa

Suunta elämälle

Katseesi
surua ja rakkautta

kummalle vallan annat
sydämessäsi kannat

Tulen vielä

Huone autio
sydämeni

sielussa tuska

rakastan pois
tuskan

murskaan jään
mustan

nousen ja näytän
voittaa rakkaus
kaiken

usko pois
tulen vielä

ja tiedät sen

ikuiseni

Hirtetty

Itkut itketty
katkerat ajatukset keitetty

kurkusta alas vedetty
loppuun hirtetty

Pinnan alla

Näin pinnan alle

eikä siellä ole kukaan
käynyt vuosiin

luulisin

näin jotain
uskomattoman kaunista

näen yhä edelleen

et vain uskonut

meihin

Kynä vain piirtää

Kynä väsyneenä kirjaimia piirtää
ajatukset päässä kiertää

liian täynnä, liian tyhjä
ei tiedä mistä sydän purkautuu

kuitenkin kynä kokoajan käy

rakkaus, tuska, lämpö, tyhjyys
vai kaikista niistä

en tiedä
olen väsynyt

tahtoisin vain nukkua
liian väsynyt siihenkin

annan siis kynän
kirjaimia piirtää
vailla päämäärää

Musta soundi

Sielu synkistelee
hartioilta ravistelee
rapistunutta rakkautta

mustalla soundilla
mieltä rauhoittelen

juuri nyt tämä
tuntuu hyvältä

tämän hetken
rakkaudelta

Tie hiljainen

Tie hiljainen
vie kauas pois

tuskasta pois
kauas hiljaisuuteen

rauha maassa on

Minä

Ajatuksieni seassa vaellan

lapioida tahdon pois
tuskaiset ajatukset

välillä vaihdan talikkoon
vaikka viikate
voisi olla käytännöllisempi

verrattain pitkäksi
ovat ajatukset kasvaneet

tosin jos nyt
ihan rehellisiä ollaan

positiivinen energia
on ainoa joka auttaa

sekin vaan ollut koetuksella

onneksi on edes muutama
rakas ihminen
lähellä

hymyilen heidän avullaan

olen vahva
heidän ansiostaan

halaan teitä
koko sydämelläni

Kuutamovalssi

Sudet valssiin käy
sade leikkiä lyö
on yö

tähdet kuutamolle
takaa verhojen
tahtia lyö

Suudelma

Sydämestäni virtasi
suudelma sydämeesi

nyt enää muistoissa

Sydän

Vielä jonain päivänä

sydämesi hymyilee
rakkaudesta

voi sitä onnekasta

Timantti

Olen luonasi
tiedäthän

ajattelen sinua lämmöllä
koko sydämellä

annan voimia jaksaa

muistathan
se meidän tähti

rakas timantti

Tuuliajolla

Mikä on kaiken tarkoitus
sitä koitan kartoittaa

minne tuuli kuljettaa
rakkauden laivaa

yksinäisen sydämen

Välähdys

Istuin toista tuntia saunassa
yhteen hiileen
aivan hiljaa

silmät tapittaen
mattamustan väristä
rapattua seinää

sisälläni tunteet myllersivät
laidasta laitaan

taisin ymmärtää jotain
itse asiassa paljon

lähes kaiken

Polku sydämeen

Sydämessäni tyhjä taulu
laulu ilman sanoja

ei ole mitään
ei ketään

mistä kuvia maalaisi
lauluja kirjoittaisi

eikä se haittaa

kun kuitenkin
kaukana jossain

joku jo sydämeeni
polkua maalaa

minun siitä
mitään tietämättä

Hukassa

Jos hukkaan
itseni

antakaa minun olla
hukassa

pari päivää

Hämärässä

Hämärä huoneessa vaeltaa
antaa rauhaa
ei valoa kaipaa

hämärässä ajatuksia
kevyempi kantaa

elämä antaa
mitä antaa
kaikki otetaan vastaan

Hetket

Hetket kiitää ohi
yleensä vauhdilla

kannattaa niihin tarttua
kun kiinni
vielä saa

huomenna
voi jo olla
liian myöhäistä

Auringon sade

Sataa taas
auringon säteitä taivaalta
päälle kuuran maan

silittää niillä meitä

hyväilee
hellii

säteillään lämpimillä

on syksy
aikaa ihanaa

Syksyn kauneus

Taivaalla aurinko
lämpöisillä suudelmillaan
uutta päivää
jälleen herättelee

usvan hyväillessä vielä
syksyistä kauneutta
värikkään maan

Hyvä olla

Puro virtaa
edessäni
silmissäni

vihdoinkin pysähdyin

annoin luonnon
vain puhua

on niin hyvä olla

kerrankin

Täydellisyyttä

Jos olisin meri
olisinko enemmän

jos olisin sen aalto
olisinko huipulla

jos olisin molemmat
olisinko täydellinen
vasta silloin

en

olemme kaikki
täydellisiä
omalla tavallaan